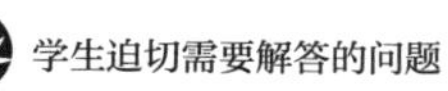

学生劳动锻炼中的108个怎么办

本书编写组◎编

世界图书出版公司
广州 · 北京 · 上海 · 西安

图书在版编目（CIP）数据

学生劳动锻炼中的108个怎么办 /《学生劳动锻炼中的108个怎么办》编写组编著. —广州：广东世界图书出版公司，2010. 2（2024.2重印）

ISBN 978 - 7 - 5100 - 1598 - 4

Ⅰ. ①学… Ⅱ. ①学… Ⅲ. ①劳动教育 - 青少年读物 Ⅳ. ①G40 - 015

中国版本图书馆CIP数据核字（2010）第024760号

书　　名	学生劳动锻炼中的108个怎么办 XUESHENG LAODONGDUANLIANZHONG DE 108 GE ZENMOBAN
编　　者	《学生劳动锻炼中的108个怎么办》编写组
责任编辑	罗曼玲
装帧设计	三棵树设计工作组
出版发行	世界图书出版有限公司　世界图书出版广东有限公司
地　　址	广州市海珠区新港西路大江冲25号
邮　　编	510300
电　　话	020-84452179
网　　址	http://www.gdst.com.cn
邮　　箱	wpc_gdst@163.com
经　　销	新华书店
印　　刷	唐山富达印务有限公司
开　　本	787mm × 1092mm　1/16
印　　张	13
字　　数	160千字
版　　次	2010年2月第1版　2024年2月第10次印刷
国际书号	ISBN　978-7-5100-1598-4
定　　价	49.80元

前　言

“劳动创造财富，劳动创造世界，劳动创造人。”这是毛泽东倡导的世界观和价值观。

早在20世纪80年代我国就提出全面发展的教育理论，把劳动教育列为德、智、体、美、劳“五育”之一，可见我国历来就重视对学生进行劳动教育。学生是社会主义事业的接班人，是祖国未来高素质的建设者和劳动者，对学生实施劳动素质教育，培养他们正确的劳动态度和劳动习惯，提高他们的实践能力和动手能力，既是素质教育的要求，又是在落实党的教育方针；既是实施“教育与生产劳动相结合”方针的重要环节，又是培养社会主义现代化建设“四有”新人的重要途径。

但是据2007年《中国青年报》报道，相关调查显示，美国孩子的每日劳动时间是72分钟，韩国是42分钟，法国是36分钟，英国是30分钟，而中国仅仅是12分钟。来自上海市一份针对孩子劳动情况进行的问卷调查显示，孩子们经常体会不到劳动的光荣，“劳动无贵贱”的观念在实际生活和教育领域中受到极大的挑战。在现实生活中，由于家长对子女的溺爱，中小学学生几乎不劳动，连一些基本的家务都不做。高中学生和大学学生也很少劳动，一些高校竟然出现父母跑到大学宿舍洗衣拖地的笑话。关于长大后的理想职业，大多数孩子表示希望当教师、科学家、医生、白领、明星、歌手等这些在如今社会显得“体面”的工作。调查显示，普通劳动者仅被排在倒数第二位。我们培养的孩子不会劳动，这些“未来的接班人”将来如何用双手建设我们的祖国,很多人对这个问题持怀疑态度。

学生们的未来必须用自己的双手去创造,要积极鼓励他们去提高他们的实践能力和动手能力。很多的家庭也已经注意到了这个问题,但因为事实已经造就,孩子的劳动能力非一日可以提高,所以家长们倍感苦恼。本书根据学生在劳动锻炼中遇到问题的实际,精心准备了138个劳动锻炼中普遍存在的棘手问题,给出解决问题的方法,从而让学生轻松上手、快乐劳动。所选每个问题都采用谈心的方式,联系实际讲道理、指方向、教方法、授知识,循循善诱。希望学生们能通过自己坚持不懈地锻炼,逐渐变得爱劳动、会劳动。

目　录

清洁保养篇

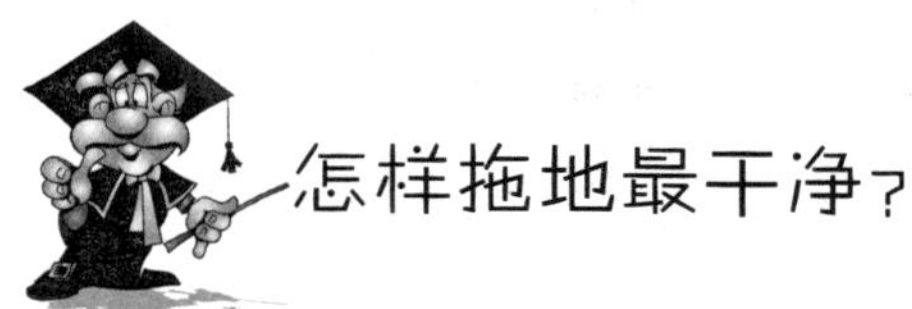

怎样拖地最干净？

居所地面是否清洁卫生，直接影响到人们的生活工作环境和身心健康。因为随着空气的流动和人的活动，室内外地面往往聚积灰尘和痰涕等杂物，成为病菌孳生和传播的媒介。因此，必须勤打扫地面，随时保持地面清洁卫生。

目前，室内地面一般分别由水泥、地板、地砖等建筑材料铺设。我们打扫这类地面，一般是先扫后拖，也就是首先扫除地面的灰尘和杂物，然后把地面拖刷干净。

在扫地和拖地时，要注意以下几点：

1. 扫地前，先做好室内的整理工作，把可折叠的桌椅折叠归拢，或将椅子、凳子反向搁上桌子，把不穿的鞋子放置于鞋架或鞋柜，尽量减少接触地面的物件，这样打扫地面就方便了。

2. 扫地时，为防止灰尘扬起，可先洒水，或将笤帚蘸水后再扫地。如果室内面积大，可分块作业，每扫一块，随即用簸箕清除一部分垃圾，以免灰尘垃圾在室内地面“旅行”。

3. 拖地，要根据不同的地面建筑材料采取不同的方法。水泥地面由于吸水性能较强，冲刷一二遍后可自然晾干；木板地面用水冲刷后，则必须拧干拖把，顺着地板的条型走向前后擦拭，擦净地板表面水分；釉砖地面表层光滑，无吸水性能，宜用湿拖把逐块擦拭。拖地的操作过程有一点是共同的，即拿拖把的人必须采取后退式，不能让自己的脚印污染清洁的地面。

4. 拖地不要留有死角。一般说，靠近门窗的地方足迹较密，要反复擦拭；家具底下的地面不要遗漏；地面的痰迹污垢要重点清除；厨房地面如有油渍，可用洗涤剂或碱水洗刷；打扫室内卫生的同时，不要忘了走廊、楼梯等公用地面的卫生。

5. 扫地、拖地时，要打开门窗使室内空气流通。打扫完毕，要放置好清洁工具，拖把要洗净拧干挂在通风处使之尽快干燥。

怎样使用吸尘器？

家用吸尘器的种类、型号很多，但它们的使用方法基本相同，下面综合介绍一下吸尘器的使用方法。

1. 各种不同型号、规格的吸尘器，它们的结构性能、功能特点不尽相同。因此，在使用所选购的吸尘器前必须仔细阅读使用说明书，避免因使用不当造成吸尘器的损坏，甚而危及人身安全。

2. 吸尘器应在海拔不超过 1000 米，通风良好，环境温度不超过 40 ℃，空气中无易燃、腐蚀性气体的干燥室内或类似的环境中使用。

3. 使用前，应首先将软管与外壳吸入口连接妥当，软管与各段超长接管以及接管末端的吸嘴，例如家具刷、缝隙吸嘴、地板刷等要旋紧接牢。因缝隙吸嘴进风口较少，使用时噪音较高，连续使用时间不应过长。

4. 接好地线，确保用电安全。吸尘器每次连续使用时间不要超过 1 小时，防止电机过热而烧毁。

5. 使用装有自动卷线装置的吸尘器时，把电源线拉出足够使用的长度即可，不要把电源线拉过头，若见到电源线上有黄色或红色的标记时，就要停止拉出。需卷回电源线时，按下按钮，即可自动缩回。

6. 吸尘器一般有两个开关，一个在吸尘器的壳体上，另一个在软管的握持把手上，使用时应先接通壳体上的开关，然后接通握持把手上的开关。

7. 平时使用应注意不要使吸尘器沾水，湿手不能操作机器。若被清洁的地方有大的纸片、纸团、塑料布或大于吸管口径的东西，应事先排除它们，否则易造成吸口管道堵塞。

8. 使用时，视所清洁的场合不同，可适当调节吸力控制装置。在弯管上有一个圆孔，上面有一个调节环，当调节环盖住弯管上的孔时，吸力为最大，而当调节环使孔全部暴露时，吸力则为最小。有的吸尘器是采用电动机调速的方法来调节吸力的。

9. 当发现储尘筒内垃圾较多时，应在清除垃圾的同时消除过滤器上的积灰，保持良好的通风道，以避免阻塞过滤器而造成吸力下降、电机发热及降低吸尘器的使用寿命。

10. 吸尘器使用一段时间后，由于灰尘过多地集聚在过滤带上，会造成吸力下降。此时可摇动吸尘器上的摇灰架，使吸力恢复。若摇动摇灰架仍不能使吸力恢复，说明桶内灰尘已积满，应及时清除。

怎样使用肥皂、洗洁精？

肥皂和洗洁精都是居家必备的去污剂。但人们在实际使用的过程中，常常因使用不当，不能获得良好的去污效果。那么应怎样使用肥皂与洗洁精呢？

一、明确它们的化学成分和去污原理

肥皂通常是利用油脂与烧碱在高温下起皂化反应而制成的；洗洁精由多种表面活性剂配制而成。它们之所以能去污，是因为它们的分子结

构中，一部分能溶于水，叫“亲水性”，另一部分不溶于水，而溶于油，叫“亲油性”。洗涤时，肥皂和洗洁精分子中的亲油性部分就与污迹结合，互相溶解，而亲水部分就随着亲油的部分，在污迹外面的水里溶解，最后污迹被水冲掉，物品就被洗干净了。

二、明确它们的洗涤范围和用法用量

肥皂碱性较强，适宜洗涤耐碱的棉麻织物，而羊毛、人造丝、人造棉、腈纶等织物不耐碱，则不宜用肥皂洗涤；洗洁精适用于各类餐具、茶具、厨房用具、水果、蔬菜以及卫生设备的清洗。

刚买回来的肥皂含水分较多，应风干了再用，可减少摩擦损耗。使用时，先将待洗的衣服或用品在清水里浸泡片刻，去掉灰尘，然后擦上肥皂，过十分钟后再揉搓。擦肥皂以竖擦为好，可以减少损耗。擦后不要把肥皂浸在水里，避免溶解和软化。而使用洗洁精时，也应把待洗的器具和瓜果在清水里浸泡片刻，再置于稀释后的洗洁精溶液中，用抹布或刷子清洗。

用肥皂和洗洁精洗涤过的物品都容易漂洗，但如果使用过量，不但不易漂洗，而且还会影响洗涤效果，这是为什么呢？原来肥皂和洗洁精都只有在一定浓度下才能显出最大的表面活性，因而这时的去污效果也最好。一般来说，肥皂水的浓度以0.2%～0.5%，洗洁精浓度以0.1%～0.2%为宜。

此外，在使用过程中还须知道：

1. 不宜用肥皂洗涤食用器具，因其所含化学成分食用后不利于身体健康；

2. 不宜用肥皂洗脸洗头，肥皂中所含碱性物质会损坏皮肤的弹性和滋润性，影响发质；

3. 肥皂不可与洗衣粉同时使用，因为会产生酸碱中和反应，影响去污能力；

4. 丝、毛物品不宜在洗洁精溶液中浸泡时间过长，否则会损坏丝、毛质地；

5. 误饮了洗洁精，喝水解除。

怎样清除顽固的胶印痕迹？

生活中经常会遇到这样的困扰：粘在桌面、玻璃或者杯子表面的胶带撕掉后，就会留下黏黏的、很难去掉的印迹，影响美观不说，时间久了附着上一层灰尘，显得很不卫生。这里有几个笔者亲自试过的小妙招可以解决这个困扰。

一、洗甲水清除胶印

不管“历史”多悠久，面积多大的胶印，滴一些女孩子清洗指甲油用的洗甲水，浸泡一会儿，再拿纸巾擦拭，保证物品表面光洁如新。但有一个问题，由于洗甲水有很强的腐蚀性，不能用在怕腐蚀的物品表面，例如漆面家具、笔记本电脑外壳等（笔者第一次用这个方法时虽然胶印被清洁得很干净，但笔记本外壳的漆面受到了很大损伤，并且有一些洗甲水流到了电脑内壳，使内壳也受到了腐蚀）。所以，用洗甲水去除胶带痕迹虽然百试百灵，但一定要注意保护留有痕迹的物品不受腐蚀。适用范围：胶印存在时间久、面积大、难清洁并且不易受腐蚀的物品表面。

二、吹风机加热胶印

吹风机开到最大热度，对着胶带痕迹吹一会儿，让它慢慢变软，然后用硬一点的橡皮擦或者柔软的抹布擦掉。适用范围：适用于胶带痕迹比较小，而且胶印存在时间比较久的物品，但物品要有足够的耐热性。

三、医用酒精浸泡胶印

在痕迹表面滴一些医用酒精，浸泡一会儿，然后用软布或者纸巾擦掉即可。当然，留有胶带痕迹的物品必须不怕酒精腐蚀才可以。同样，如果你有过期不用的香水或者收敛性质的化妆水，也可以用来替代酒精，因为它们里面都有一定的酒精成分。适用范围：不易被酒精腐蚀的物品表面。

四、橡皮擦擦除胶印

小时候上学时经常用这种方法，用橡皮擦擦拭，橡皮碎屑正好可以将黏胶痕迹给粘下来。适用范围：用于小面积而且是新留下的痕迹，对于大面积的胶带痕迹就徒劳无功了。

五、省时省力的“去胶剂”

又叫做“不干胶清除剂”，在一些汽车配件商店就有卖，喷一喷痕迹部分，很快就能擦掉。适用范围：大面积的难去除的胶印，但如果平常不是经常遇到胶带痕迹这种困扰，就没必要特地买一瓶了，用前面任意一个小妙招就可以了。

此外，护手霜也可达到去除不干胶的效果，护手霜中含有大量的水（一般在70%以上），水中含有一定量的表面活性剂。表面活性剂具有良好的润湿、渗透、溶解能力，可以很快渗透到不干胶和物体表面之间，从而达到清除的目的。你也可以发现一些类似的产品，如面霜、洗面奶、洗涤灵也有同样的效果。

上面说到的胶印基本上都是在比较硬的东西表面，如果是在比较松软的东西表面，那么该如何处理呢？

如果衣物上沾染了万能胶渍，可用丙酮或香蕉水滴在胶渍上，用刷子不断地反复刷洗，待胶渍变软从织物上脱落后，再用清水漂洗。含醋酸纤维的织物切勿用此法，避免损伤衣物面料。如果衣物上沾染了胶水之类的污渍，可将衣物的污染处浸泡在温水中，当污渍被水溶解后，再用手揉搓，直到污渍全部被搓掉为止，然后再用温洗涤液洗一遍，最后用清水冲净。

地毯、纤维上的胶带渍可以先用刮具轻轻刮掉多余的固体或结块黏性污渍。然后使用干洗剂或去污剂清洗。如果仍有污渍，在污渍上倒适量干性去污剂，并用浸有去斑剂的吸水垫覆盖污渍。吸水垫吸附污渍后应进行更换。覆盖的时间要足以清除污渍，同时让污渍和吸水垫保持湿润。然后用蘸有干洗液的海绵从污渍中心向外轻轻擦拭，直到清除干净。

要清除皮革上的胶带渍，先小心刮除污物，然后用布或海绵蘸取中性肥皂水轻轻擦拭，直到清除所有残留物。最后，用干净的布擦干。污渍清除后，使用皮革清洁保养剂或特殊肥皂对皮革加以保养。

怎样清除衣服上多种污渍？

一、衣服上的霉点、霉斑可根据衣服纤维的性质，采取不同方法去除

1. 去除呢绒织物上的霉迹，须先将衣服挂在阴凉通风处晾干，再用棉花蘸些汽油在霉迹处反复擦拭。汽油用量不可太多，要从周围向中心擦拭，用力不可太猛，以免损伤衣料。

2. 丝绸织物上的霉迹，轻微者一般用软刷就可刷去。由于霉菌有沾粘性，须将衣服晾干后再刷，并且不能用潮湿的刷子。霉迹较重的，可将衣服平铺在桌上，用喷雾器将稀氨水喷洒在霉斑上，过几分钟，霉斑即会自行消失。白色丝绸织物宜用50%酒精擦洗。

3. 化纤织品如涤纶、锦纶、腈纶、氯纶、丙纶等织品上有了霉斑，较轻者可用酒精、松节油或5%氨水擦拭除去。若是陈旧的霉迹，可涂上氨水，过一会儿，再涂高锰酸钾溶液，最后用亚硫酸氢钠溶液处理和水洗。也可先用溶解了肥皂的酒精擦洗，再用5%小苏打水、9%双氧水擦洗，然后用清水洗净。

4. 清除棉织品上的霉迹，可先将衣服在日光下晾晒，干后用毛刷刷去。亦可用冬瓜、绿豆芽擦除。白色棉织品可在10%漂白粉液中浸泡1小时后擦除。

二、衣服上的汗渍、尿渍、血渍、呕吐渍的去除方法

1. 汗渍。汗渍是由汗液中所含的蛋白质凝固和氧化变黄而形成的。洗涤汗渍时忌用热水，以防蛋白质进一步凝固。一般新渍可用5% ~10%食盐水浸泡10分钟，再擦上肥皂洗涤。陈旧的汗渍可用氨水10份，食盐1份，水100份配成的混合液浸泡搓洗，然后用清水漂洗干净。白色织物的陈旧汗渍，用5%大苏打溶液去除。毛线衣物上的汗渍可用柠檬酸液揩拭。

2. 尿渍。尿中所含成分与汗液相近，故亦可用食盐溶液浸泡的方法来洗涤。此外，白色织物上的尿渍，可用10%柠檬酸液润湿，1小时后用水洗涤。有色织物上的尿渍，用15% ~20%的醋酸溶液润湿，1 ~2小时后再用清水洗涤除去。

3. 血渍。新鲜血迹中的蛋白质尚未凝固，即可用冷水（不能用热水）洗，再用加酶洗衣粉或肥皂液洗涤。陈旧的血渍可用10%氨水揩拭，再用冷水洗涤。如还不能除去，可用10% ~15%的草酸溶液洗涤，亦可用硼砂2份、氨水1份、水20份的混合液揩拭除去。

4. 呕吐渍。呕吐渍可用10%氨水将污渍润湿、揩拭即能除去。如还有痕迹，可用酒精肥皂液揩拭。

三、红墨水、蓝墨水和蓝色或红色的圆珠笔油的去除方法

红墨水、蓝墨水和蓝色或红色的圆珠笔油都是由各种染料配成的，它们所造成的污渍都可以用2%浓度的高锰酸钾溶液褪掉。因为高锰酸钾溶液能够把这些染料氧化而使之褪色。使用时只要将这种溶液滴于污迹处，然后再在上面滴几滴3%双氧水即可将污渍除去。

对于上述各种污渍，还有以下一些比较有效的办法：

1. 红墨水渍可先用洗涤剂洗，再用10% ~20%酒精液揩拭或浸泡。

2. 蓝墨水渍可用2%草酸液揩拭，亦可用维生素 C_1 粒，润湿放在污渍处揉搓即除。白色织物还可用10%氨水和碱液，或10%柠檬酸液揩拭除去。

3. 圆珠笔油渍可用肥皂洗涤后，再用95%酒精、苯或丙酮揩拭洗去。

4. 墨汁可先将墨汁润湿，用米饭粒、薯类和洗衣粉调匀的糊状物涂在污渍处搓擦，再水洗。如仍有斑迹，可用10%草酸、柠檬酸、酒石酸液除去。亦可用杏仁、半夏、生鸡蛋捣成稀泥涂抹，3 分钟后水洗除去。

怎样使用洗衣机？

洗衣机是现代家用电器中很重要的一种，现在在城市和农村中都比较普及。洗衣机的种类很多，有滚筒式的、喷淋式的、波轮式的等等。目前，一般家庭使用最多的是波轮式双桶洗衣机。双桶中的一个桶是洗衣桶，另一个是脱水桶。洗衣桶里的波轮由定时器控制，每分钟 1000 转左右，带动水和衣物涡转，与桶壁撞击、摩擦、振荡，从而洗掉衣服上的污垢。

使用洗衣机前先要接好进水管、排水管，机壳上的接地螺钉最好用一根导线跟自来水管相接，以防触电。最后，插上电源。

洗衣机洗衣服的一般过程是这样的：

一、预洗

把要洗的衣物放入洗衣桶内，总重量不要超过机器的承载量，一般不超过2.5 千克。注入适量的清水，开动洗衣定时按钮，洗五分钟排去脏水。也可把洗衣粉倒入桶中，加入适量的温水，拌和洗衣粉，再放入浸湿的待洗衣物，浸泡一两个小时。

二、洗涤

先把衣物较脏的部位，如袖口、领子等地方，擦上肥皂，用手搓洗一遍，然后再把衣物放入洗衣桶里，放入相当于衣物重量 20～40 倍的清水，加入适量的洗衣粉，开动机器洗涤。洗多少时间要看衣物的厚薄和脏的程度来定。一般5～15分钟即可，洗完后放去脏水。

三、漂洗

用洗衣粉洗过的衣物，必须用清水漂洗。漂洗时洗衣桶只放清水，漂洗3～5分钟，反复漂洗三次就可以了。然后用手检查一下，看看是否还有滑腻的感觉或者较强的肥皂粉气味，如果有就再漂洗一次。

四、脱水

洗净后的衣物放入脱水桶中脱水。衣物要在桶的四壁放均匀，不能一边多一边少，否则脱水机开动时，会引起剧烈晃动，容易损坏机器。为了洗清衣物，最后漂洗一次脱水一次，也可以在脱水桶里喷淋，脱水，喷淋，脱水……这样既省水，又可将衣服洗干净。

不会洗衣服，怎么办？

洗衣服不是简单地把衣服扔到洗衣机里，或者就用手搓搓就可以了，洗衣服这件小事里其实是有大学问的，下面就来为大家介绍一下洗衣服的正确步骤。

一、洗前准备

1. 分类。①按颜色分类：首先将深色或鲜艳衣服挑出，不可与浅色混洗（因深色类的衣服有掉色的可能性）；②按厚薄分类：丝织物、轻薄网状织物、内衣、袜子、针织品或容易变形服装最好不用机洗，避免损伤；③按纤维原料分类：含毛绒或特殊布料应挑出干洗，否则会引起缩绒、变形。

2. 检查衣物。检查服装口袋内是否有物品（避免洗涤时污染服装或磨损机器)；有特殊污垢的服装应先去渍处理后再与同类衣服洗涤；要脱落的部件、附件、饰物等应缝牢后再与同类衣服洗涤，避免脱落；有钮扣或挂链的服装，洗涤时应将衣服扣好或合上拉链，避免变形。

二、洗涤温度

根据洗涤剂的性质：含非离子型表面活性剂的洗涤剂，最佳洗涤温度为 60 ℃以下，超过此温度将会影响去污效果；含阳离子型表面活性剂的洗涤剂，最佳洗涤温度为 60 ℃以上，低于此温度将会影响去污效果。

三、洗涤方法

1. 先浸后洗。洗涤前，先将衣物在流体皂或洗衣粉溶液中浸泡10 ~ 14 分钟，让洗涤剂与衣服上的污垢脏物起作用，然后再洗涤。这样，可使洗衣机的运转时间缩短 1/2 左右，电耗也就相应减少了 1/2。

2. 分色洗涤，先浅后深。不同颜色的衣服分开洗，不仅洗得干净，而且也洗得快，比混在一起洗可缩短 1/3 的时间。

3. 先薄后厚。一般质地薄软的化纤、丝绸织物，四五分钟就可洗干净，而质地较厚的棉、毛织品要十来分钟才能洗净。厚薄分开洗，比混在一起洗可有效地缩短洗衣机的运转时间。

4. 额定容量。若洗涤量过少，电能白白消耗；反之，一次洗得太多，不仅会增加洗涤时间，而且会造成电机超负荷运转，既增加了电耗，又容易使电机损坏。

5. 用水量适中，不宜过多或过少。水量太多，会增加波盘的水压，加重电机的负担，增加电耗；水量太少，又会影响洗涤时衣服的上下翻动，增加洗涤时间，使电耗增加。

6. 正确掌握洗涤时间，避免无效动作。衣服的洗净度如何，主要是与衣服的污垢的严重程度、洗涤剂的品种和浓度有关，而同洗涤时间并不成正比。超过规定的洗涤时间，洗净度也不会有大的提高，而电能则被白白耗费了。

四、洗衣六大误区

很多人洗衣服都喜欢将衣服泡上一整天，大量地用肥皂、洗衣粉，力求衣服可以洗得干净，事实上这些都是错误的行为，下面就来了解一下洗衣服的六大误区：

1. 久泡。

据测试，衣服纤维中的污垢在水中浸泡 14 分钟左右会有效地渗透，这时最容易洗干净，若浸泡太久，洗起来反而更费时费力。

2. 洗衣粉越多越干净。

洗衣粉只有在一定浓度下，才能显示应有的表面活性。如果过浓去污能力会减弱。

3. 洗衣过程中续添洗衣粉。

在洗衣服过程中续添洗衣粉，只会使洗衣粉白白溶于已经洗污的水中，失去应有的作用。

4. 肥皂、洗衣粉一起用。

洗衣粉呈碱性，一般肥皂呈弱酸性，二者合用可发生中和反应，反而达不到去污的目的。

5. 洗衣粉和消毒液一起用。

许多人在洗衣服时，为了除菌都习惯加点消毒液，有些人干脆把洗衣粉和消毒液同时放进洗衣机里。其实，这样不但起不到杀菌效果，对人的健康也有危害。若将含氯的消毒液与含酸的洗衣粉混用，会导致氯气产生。当氯气浓度过高时，会刺激人的眼、鼻、喉等器官，严重时还会损伤人的心肺组织，甚至危及生命。

6. 水温越高越好。

洗衣服的水温也不是越高越好。因为我们常用各种含酶洗衣粉，其中的酶制剂主要有碱性蛋白酶和碱性脂肪酶。碱性蛋白酶用于分解蛋白质类污物，如汗渍、血渍等；碱性脂肪酶则主要作用于脂肪酸及其酯类污物，也就是我们通常所指的油污类。两种酶的活性高低与温度有关，大约 40 ℃为最适合。温度过高或过低都会降低酶的活性。

怎样洗涤羽绒服装？

轻盈柔软、保暖性强的羽绒服装，是近年来颇为流行的高档冬衣，其面料一般是尼龙或涤棉，填料有鸭绒、羊绒等，也有采用腈纶棉或中空纤维的。穿着羽绒服装，应尽量少洗涤，一般情况下每隔 2～3 年洗涤一次即可。洗涤这类衣服时有四忌：一忌碱性物，二忌用洗衣机搅动或用手揉搓，三忌拧绞，四忌明火烘烤。一般可根据衣服脏的程度采取以下的洗涤方法：

1. 如果羽绒衣不太脏，尽量不要采用水洗。只要用毛巾蘸汽油在领口、袖口、前襟等处轻轻揩拭。去除油污后，用干毛巾在沾有汽油处重新揩拭，待汽油挥发干净后即可穿用。

2. 如果羽绒衣比较脏，只好采用整体水洗的方法。其洗涤步骤为：

（1）先将羽绒衣放入冷水中浸泡。

（2）每件羽绒衣用 2 汤匙左右的中性洗衣粉，倒入水温为 20 ℃～30 ℃的清水中搅均。中性洗涤剂对衣料和羽绒的伤害最小，使用碱性洗涤剂，如果漂洗不净，残留的洗涤剂会对羽绒服造成损害，并且容易在衣服表面留下白色痕迹，影响美观。

（3）将已在冷水中浸泡了 20 分钟的羽绒衣取出，平压挤去水分（不可拧绞），放入上述洗涤液中，浸泡 5～10 分钟。

（4）将衣服从洗涤液中取出，平铺于干净台板上，用软毛刷蘸取洗涤液轻轻洗刷。洗刷时，先刷里，后刷面，最后刷两个袖子的正反面（即越是脏的地方越要放在后面刷），特别脏的地方可撒上少量洗衣粉刷几下。

（5）刷洗干净后，将衣服放在原洗涤液内上下拎涮几下，在 30 ℃左右的温水中漂洗 2 次后，再放入清水中漂洗 3 次，以彻底除去洗涤剂残液。漂洗时切忌揉搓，以免羽绒堆拢。

（6）将漂洗干净的衣服用干浴巾包卷后轻轻挤吸出水分，然后放在阳光下晒，或者挂于通风处晾干均可。晾晒时应勤加翻动，使其充分干透。晾晒干透后，用光滑的小木棍轻轻拍打衣服反面，即可使羽绒恢复蓬松柔软。

如果羽绒衣服的填料是蒲绒、丝棉之类，则不宜采用上述水洗法，只能采用干洗。如果衣服上只是少数或个别地方沾上油渍，也可在临睡前以少量面粉调制成糊状，用冷水冲调后涂在油渍上。第二天早上用刷子蘸清水刷去粉末，油渍便可除去。

怎样清洗革类衣服？

人造革服装脏后，不少人往往用汽油或有机溶剂擦洗，虽然有的污迹被擦掉了，但同时也使人造革表层涂膜膨胀老化、变硬，失去光泽。因为人造革是以聚氯乙烯、聚氨酯等树脂，以及增塑剂、稳定剂、颜料制成糊状物，涂压在棉布、化纤布上制成的拟革制品，由于涂料所用原料大多是油溶性物质，遇到汽油或香蕉水等有机溶剂会溶解析出，容易引起表层变质发硬、脆裂并失去光泽。因此，人造革服装最好用水洗。

人造皮革包括绒面革在内都是以聚氯乙烯为原料经加工处理而成的，遇热后马上遇冷会变硬，时间一长便会老化，也不能承受较大机械力。因此洗涤人造皮革不能用机器洗，不能搓洗或揉洗。只能用软棕刷蘸优质洗涤剂轻轻刷洗。投水要采取上下拎投的方法，不能用力拧，以免出现皱折，洗涤温度以 30 ℃为宜，漂洗用冷水多投几次，漂洗干净后用衣架晾在通风处。绒面革服装晾干后可用软棕刷刷 1 次，使绒面不倒伏，外观丰满。

皮革服装的皮革里填充着可溶性物质，遇水后会溶化流出，故一般不宜水洗。用汽油揩擦也会使皮革所含油分挥发而造成干裂，如果有了污渍要用质地柔软的软布蘸些缝纫机油擦拭或涂上一点凡士林，再用软布反复揩拭。如果衣服过于肮脏，也可用水洗。水洗时先用冷水浸 1 ~ 2 分钟，再在洗衣粉液中浸泡 2 ~ 3 分钟，提起平摊，用软刷刷几下，再放入洗衣粉液中搅拌几下，最后用清水漂净，并在放有一些米醋的冷水中浸泡 1 小时，挤干后挂阴凉处晾干。

几经洗涤的皮革衣服会失去光泽，故洗后最好上一次光。方法是：用鸡蛋数只，取其蛋清，加水适量，用筷子搅打均匀，然后用排笔将蛋清在衣服上刷一遍，阴晾 3 小时后，皮革衣服就可恢复光泽。还可取鸡油一块，用布包成一团，在衣上擦抹，再用软干布擦去浮油，在通风处晾上1 ~ 2 小时，这样既能保护皮质，又能增加光泽。如果每年能这样上一次光，那么皮革服装可始终如新。

怎样保养皮革服装？

皮革服装既御寒又耐穿耐脏，深受大众欢迎，是理想的冬装，现在流行的皮革服装已由皮夹克发展到皮裙、皮裤、皮大衣。那么皮革服装怎样保养呢？

1. 在收藏皮革服装之前，先把皮面朝里在阴处晾干，再用干净布擦拭表面，然后用皮革清洗剂擦一遍，最后用上光剂上光。完成后稍晾一下用布包一些卫生球，放在兜里，用大塑料袋或布袋罩好，挂起来或放在不受挤压的地方保存。

2. 皮革服装表面的污垢忌用水或汽油擦拭，因水能使皮表面变硬，汽油会使皮革中的油脂挥发而干裂。可用布把污垢擦一下，再涂上少许凡士林油，滋润一会再用软布把污垢擦去。一般污垢市场上出售的皮革清洁剂都能去除。

3. 皮革服装如有小裂痕或磨花时，可用鸡蛋清代替水用墨磨成浓度适合的墨汁，用刷子蘸上反复涂擦，放在阴凉通风处晾干，再上光就会光泽如新。

4. 皮革服装如果被硬物划伤留下痕迹，可用软布在划伤处反复擦拭，以恢复原状。

5. 皮革服装如受潮或雨淋沾水后，切忌暴晒或用火烤，以免皮革上的油脂、水分蒸发而引起纤维收缩，使皮装变硬发脆。应将受潮沾水的皮装放在阴凉处，用干布擦去水分晾干。

另外，皮革服装不能上皮鞋油和机油，这两种油不但不适合皮革服装，而且招灰，给人脏的感觉。最好到市场上买能美化、保护和延长皮革服装寿命的专用油剂。

冬去春来，收藏皮革服装有五忌：

1. 忌潮湿。皮革制品温度过大，就会霉变，使皮革服装纤维受到损伤，拉力下降。

2. 忌高温，温度过高会使皮革服装纤维变硬发脆。

3. 忌挤压。皮装最好挂在衣橱里，不要受外物挤压，以免变形。

4. 忌灰尘脏污。在收藏皮装前，要用干净布擦去灰尘、污垢，再上光，否则会影响皮革服装的光亮度，缩短皮装的寿命。

5. 忌虫咬。收存时要放些包好的卫生球或樟脑块，以防虫蛀，夏季最好翻看几次。

怎样洗涤羊毛衫？

羊毛衫因其轻薄柔软、保暖性强、穿着舒适等优点，越来越受到大家的喜爱。羊毛衫的原料是羊毛，羊毛是天然纤维，化学上称为动物性的蛋白纤维，具有弹性好、吸湿性强的特点。把羊毛加工成羊毛衫之类的纺织品后，这种纺织品具有一定的内在张力。也就是说，在加工过程中，要受到拉力作用，这时，存在于其内部而垂直于与相邻部分的接触面上，有相互的牵引力。这类纺织品一旦落水后，就会发生收缩，这就是人们通常所说的“缩水”。因此，我们洗涤羊毛衫时应注意：

1. 先将羊毛衫放在清水中浸泡 10 分钟左右，过掉脏水，再放在调和好洗涤剂的温水（40 ℃以下）中浸泡，不能与其它质地的衣物混杂。

2. 因羊毛衫耐碱性很差，如果用普通碱性强的洗涤剂会影响纤维强度，所以一定要选用中性皂或高级合成洗衣粉。用量多少，可视羊毛衫穿着时间而定，但一定要用清水漂净。

3. 洗涤羊毛衫时，应采用大把轻揉、轻挤压的手法，而不能像洗其他质地的衣服那样用力，更不能放在搓衣板上或洗衣机内洗涤。在洗涤过程中，要避免拉、提羊毛衫。

4. 漂洗干净后的羊毛衫，切忌用力绞干，或放置甩干机内甩干，因为这样会使羊毛衫变形。应采用揿、挤、压或用毛巾卷裹后揿压的方法，使水分大致泄出。然后将羊毛衫放进不褪色的网兜或干净的竹篮内，使其水分完全沥干，再晾晒。

5. 晾晒时应注意：

（1）宜选用有肩托的衣架，衣领部分不能扯紧，宜松。衣衫应翻挂，置通风干燥处，避免直接在阳光下曝晒。一般应给衣衫长度、衣领、袖口等处作些适度调理，保持羊毛衫的原形。调理时要注意两手用力要匀，部位应相称，忌横向拽拉。

（2）羊毛衫洗净晾干后，趁其还有点湿时，把它平铺于台面上，再用温度适当的熨斗熨平，而且边熨边用手拉，使羊毛衫恢复张力，得以舒展。

6. 羊毛衫上一般常见污迹的处理：

（1）墨渍。浸透后，先用洗衣粉和饭粒一起揉搓，然后用纱布或脱脂棉揩拭。如果是白色羊毛衫，上面还留有墨斑迹，可再用较浓的洗涤剂和酒精溶液揉洗。

（2）水果渍。用食盐水揉洗。如还有污迹，可用 10% 的甘油溶液洗。

（3）复写纸色渍。先用温洗衣粉液揉洗，再用汽油擦拭，然后用酒精擦除。

（4）蜡烛油渍。用卫生纸上下垫衬在污渍处，用熨斗在纸上熨烫，使烛油融化后被纸吸收，再用汽油揩拭油渍迹。熨烫时，应注意温度适宜，并多准备几张垫衬用纸。

总之，无论何种处理方法，均应注意两点：洗涤污渍的时间越早越好，洗涤动作不能过猛。

7. 羊毛衫如穿着时间不长，洗涤方式可作以下处理：先将羊毛衫翻晒后，拍去灰尘。再将羊毛衫平铺在垫上布、毯的板上，羊毛衫上再铺上清洁的湿毛巾。用熨斗将湿毛巾熨干。羊毛衫的正背面也照上法熨烫过后，取衣架挂起晾干。

羊毛制品易被虫蛀，怎么办？

羊毛衫、羊毛毯，顾名思义，是用羊毛织成的。羊毛具有弹性大、传热性低、保暖性强的特点，因而羊毛衣物一直是深受人们喜爱的保暖衣物。随着科学技术的发展，羊毛织物的工艺水平越来越高，它的款式、花样和色彩也日新月异，如何保存好这些精致的织物，不被虫蛀，一直是人们关心的问题。怎么办呢？

首先，我们得弄清它们易被虫蛀的原因。羊毛是天然纤维，含有丰富的蛋白质，为蛀虫的生存提供了必不可少的条件。另外，羊毛衫、羊毛毯被虫蛀还有一个外部环境，就是脏和潮。当然，羊毛本身的特性是无法改变的，这就要从防脏、防潮上入手。

一、防脏

一般说来，羊毛衫一年要洗一次。为了保持它的性能和外观，需要用羊毛衫专用洗涤剂洗涤，水温保持常温，浸泡数分钟后，用手轻轻搓揉，过净，晾干即可。羊毛毯最好套上被套使用。如果确实脏了，就用常温的热水将高档洗衣粉化开，将毛毯浸透，轻轻挤揉，最后一次过水时，在水中放入50克的白醋，晾干后，用梳子将毛梳齐即可。这样的洗涤方法既可保持它们原有的外貌，又可防缩水。应该记住的是，羊毛衫、羊毛毯不能放入洗衣机中洗涤和甩干。

二、防潮

洗净的羊毛衫、羊毛毯要铺开晾干，不可折叠，也不可暴晒，这样可以保持它们的原有的色貌。俗话说："梅雨过后曝晒衣。"但这并不适合于羊毛织物，因为梅雨前后是蛀虫最活跃的时期，最好选在深秋和冬季来晒羊毛衣物。

三、贮藏

其关键是要保持衣物及箱、柜等存器的干燥，同时存器中要放入樟脑丸或片，以杀死蛀虫，保持良好的贮藏环境。如果能使用高效防霉防蛀剂，效果将更好。

做到了以上几点，羊毛衫、羊毛毯就不会被虫蛀了。如果已被虫蛀了，先将衣物洗净晾干后，选用与衣物色彩近似的毛线修补好，再贮藏。

怎样使衣服洗涤后仍色彩鲜艳？

在人们的印象中，增白洗涤剂（诸如增白皂、增白洗衣粉等），一概只能洗白色织物。其实，使用带有荧光增白剂的洗衣粉，不仅可增加被洗织物的白度和亮度，而且能使花色衣服洗后更显得鲜艳悦目，这是什么原因呢？

原来，增白洗衣剂的配方里，含有一定数量的荧光增白剂。这种荧光增白剂实际上是一种荧光染料。它溶解于水中，被吸附在衣物的纤维上以后，不会被立即冲洗掉。而且能将光线中肉眼看不见的紫外线部分转变为可见光。一般可见光的波长是400～800埃，而紫外线的波长是300～400埃。当荧光染料吸收紫外线后，即可转变成为波长为400～500

埃的紫、蓝、青光。因此，用含有这类物质的洗衣粉洗完衣服后，就可以增加被洗织物的白度，使白色的衣服显得更加洁白；微黄的织物也因受到紫、蓝光的作用，而变成了白色。由于荧光增白剂可增加被洗织物的白度和亮度，所以，即使花色衣服，洗涤后也会因紫外光转为可见光的补色作用而显得更加鲜艳悦目。

相反，用一般洗衣粉洗过的印花衣服，如果不再用含荧光增白剂的洗衣粉洗涤，那么，洗后的色彩就会不如以前鲜艳，并会使织物白度下降。这是因为一般洗衣粉洗去了织物中原有的荧光增白剂。而使用带有荧光增白剂的洗涤剂洗涤花色织物时，从织物上洗下来的荧光增白剂与洗涤中重新染到织物上去的荧光增白剂基本平衡。这样也就保持了花色织物的白度、亮度以及鲜艳悦目的光泽。因此，想使花色衣物洗后保持鲜艳悦目，不妨使用配有荧光增白剂的洗衣粉或荧光增白皂。

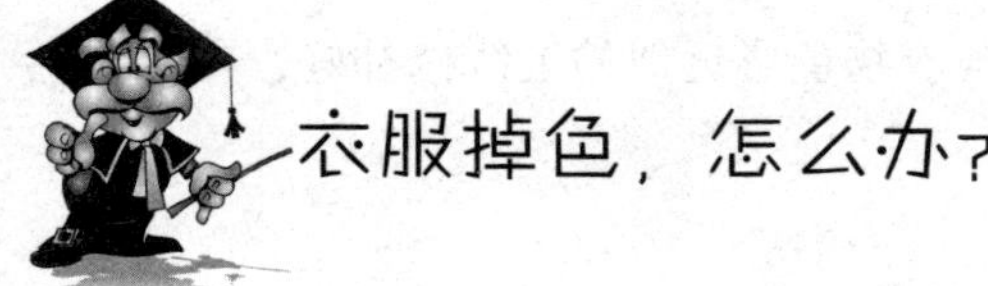

衣服掉色，怎么办？

谁都喜欢自己的衣服保持原来的色彩。但一件新衣服，时间不长，往往会因洗涤、收藏不当而掉色，怎么办？

1. 衣服掉色的情况是含棉的成份越大越明显，纯棉的衣服最易掉色。因此，当洗涤一件有色的衣服时，事先应用5%的盐水浸泡20～30分钟。这样，既能保持色泽长久，又能使原本的色彩更鲜艳。

另外还可以针对不同的衣服采取不同的方法洗涤：

（1）酸洗法。红色或是紫色等颜色鲜艳的纯棉衣服和针织品，在洗涤之前，往洗衣服的水中加上一些普通的醋泡上一会儿，但是醋的量不能太多，否则容易给浅色衣服染色。如果能够经常这样清洗衣服就可以保证衣服的颜色光洁如新。

（2）花露水清洗法。棉织品和毛线织品，先按照常规方法清洗，等衣服漂洗干净后，在清水中滴入几滴花露水，然后将清洗好的衣服浸泡在这样的水中十分钟。用这种方法清洗过的衣服还能起到消毒杀菌和去除汗味的作用。

2. 有色的、深色的衣物在洗涤与收藏时应与其他浅色、淡色的衣物分开。洗涤时，忌沸水烫；洗汰时，注意只要把肥皂水过清即可。这些衣物更忌在阳光下曝晒，否则不仅衣服色泽易褪，而且大大降低衣服纤维的强度，缩短衣服寿命。

3. 对已经掉色的衣服，可作以下处理：

（1）掉色如为局部，可根据自己的喜爱，买些小动物、花卉等贴花用熨斗烫上，或自己动手设计一个图案、卡通人物、字母等用丝线绣上。掉色如为整件衣服，可在上面缝上“V”型或波浪型等金属花边，缀些小饰物、纪念章的方法来翻新。

（2）衣服褪色在穿着时还可以从整体搭配上动脑筋。如配上一条宽腰带或一件新样式的背心、领带、鞋袜等，相映成趣，使原来褪色的衣服重现光彩。

（3）如果有兴趣的话，还可学着染衣服。①要根据衣服纤维不同的质地选购染料，注意合成纤维（不含棉纱）的衣服难以自染。②欲染的衣服应事先洗涤干净，在清水中浸泡透。否则，染色会不均匀或颜色走样。③染料的投放，浅色用料不超过染物重量的2%；深色用料不少于染物重量的1%。用水量以没过衣服为宜。④染法如下：取一大锅，将水烧沸后投放染料，外加食盐10克左右搅匀，再将拧干后的衣服浸入水中，翻动并稍作搓揉，使衣服充分浸透染料上色。再烧沸30分钟后等其自行凉透，用清水漂去浮色、晾干。

不会晒衣服，怎么办？

衣服不仅要洗得干净，还要会晒。可对大多数人来说，只注重了衣服怎样洗，晒衣服则是随便晒，事实上洗衣服重要，晒衣服也同样重要，正确的晾晒方法可以保持衣服的颜色鲜艳，大小不变，下面就具体地来讲解下如何晒衣服。

一般晒衣步骤：

1. 衣服最好不要在阳光下曝晒，应在阴凉通风处晾至半干时，再放到较弱的太阳光下晒干，以保护衣服的色泽和穿着寿命。

2. 晾晒衣服要注意风向。由于近年来城市空气污染严重，特别是靠近工厂区的下风处，空气中往往含有大量的粉尘，如果忽略了这一现象，就很容易使衣服沾上粉尘，影响穿着效果。

3. 晾晒衣服时不可将衣服拧得太干，而应带水晾晒，并用手将衣服的襟、领、袖等处拉平，这样晾晒干的衣服会保持平整，不起皱褶。

晾晒衣服还要根据面料的不同来选择适当的晾晒方法：

一、丝绸服装

洗好后要放在阴凉通风处自然晾干，并且最好反面朝外。因为丝绸类服装耐日光性能差，所以不能在阳光下直接曝晒，否则会引起织物褪色，强度下降。颜色较深或色彩较鲜艳的服装尤其要注意这一点。另外，切忌用火烘烤丝绸服装。

二、纯棉、棉麻类服装

这类服装一般都可放在阳光下直接摊晒，因为这类纤维在日光下强度几乎不下降，或稍有下降，但不会变形。不过，为了避免褪色，最好反面朝外。

三、化纤类衣服

化纤衣服洗毕，不宜在日光下曝晒。因为腈纶纤维曝晒后易变色泛黄；锦纶、丙纶和人造纤维在日光的曝晒下，纤维易老化；涤纶、维纶在日光作用下会加速纤维的光化裂解，影响面料寿命。所以，化纤类衣服以在阴凉处晾干为好。

四、毛料服装

洗后也要放在阴凉通风处，使其自然晾干，并且要反面朝外。因为羊毛纤维的表面为鳞片层，其外部的天然油胺薄膜赋予了羊毛纤维以柔和光泽。如果放在阳光下曝晒，表面的油胺薄膜会因高温产生氧化作用而变质，从而严重影响其外观和使用寿命。

五、羊毛衫、毛衣等针织衣物

为了防止该类衣服变形，可在洗涤后把它们装入网兜，挂在通风处晾干；或者在晾干时用两个衣架悬挂，以避免因悬挂过重而变形；也可以用竹竿或塑料管串起来晾晒；有条件的话，可以平铺在其他物件上晾晒。总之，要避免曝晒或烘烤。

不会洗被褥，怎么办？

一般人一天至少花 7 ~ 8 小时在睡眠上，每晚会排出 200 ml 的汗液，为被褥上的各种细菌繁殖提供温床。通常来说，人的被褥都沾有各种细菌、病毒、真菌、原虫包囊等，如果不及时清除这些病菌，必将传播各种疾病，危害到人体健康。天气晴好，适宜晾晒，建议同学们对家中被褥进行一次大清洗，然后拿出晾晒，利用阳光中的紫外线来杀菌。

那么，怎样洗涤，才能消除被褥污垢，并保持原有的色泽、延长它的使用寿命呢？

首先要搞清楚被里、被面的质地。我们先看看被面，大多是线绨、织锦锻、真丝等面料，这些面料色彩鲜艳，显得雍容华贵，令人喜爱。被面脏了该怎么清洗呢？第一步，将被面浸泡在清水里 2 分钟；第二步，用另一只盆子装上 25 ℃左右的温水将肥皂粉化开；第三步，从清水盆里将被面取出，放入已准备好的肥皂水里，浸 30 秒后，轻轻揉搓；第四步，用25 ℃左右的温水清洗两遍，再用清水清洗两遍；最后，用一盆子，装入一些清水，滴两滴食用醋，将已洗净的被面放入，稍浸，取出(这样既可中和纤维中未洗净的碱，还可保持被面的色泽)，用干毛巾将被面包好，轻轻拧一拧，晾在阴凉处吹干，切勿放在太阳下曝晒。另外，棉布或的确良面料的被面，可以让洗衣机代劳。

被里，大多是棉布或人造棉的。清洗时，先将其放入洗衣机中用清水泡洗5分钟取出，放掉污水，倒入肥皂粉，用25 ℃左右的温水化开，再将被里浸泡在肥皂水里30～60分钟，开动洗衣机，搅动12分钟，取出甩干，放掉污水，用清水清洗4～5遍。甩干后取出晾晒。

现在大多数家庭都喜欢用被套，因为被套不仅实惠，而且清洗方便，套被子更方便。被套的洗涤方法和清洗被里的方法一样。

怎样清除地毯上的油渍？

随着物质水平的不断提高，地毯正逐步进入千家万户，淡雅明快的地毯着实为居室增色不少，但有时人们也会一不小心使地毯沾上油渍，既影响了美观，又不利于清扫，因此清除地毯上的油渍就成了现实生活中不可缺少的学问，我们该怎样利用日常生活中可利用的条件去清除地毯上的油渍呢？现介绍几种方法。

一、吸收法

此法主要是利用油脂遇热易被熔化、易被吸收的原理。可准备一些吸水纸或卫生纸，将其撕成碎片，将家用电熨斗加热。先将撕碎的吸水纸或卫生纸洒在油渍处，使之充分接触，上面再覆盖一整张吸水纸或卫生纸，然后用电熨斗来回熨烫，遇热溶化后的油脂会被吸水纸或卫生纸吸收，反复几次，便可除净油渍。

二、擦洗法

油渍的主要成分是油脂即高级脂胺酸的甘油脂，脂类物质不溶于水，然而可利用油脂溶于汽油、酒精、丙酮、四氯化碳等有机溶剂的特性擦洗掉油渍。

可准备一小瓶上述有机溶剂和一些棉球或软布，在油渍处用棉球或软布蘸一些有机溶剂循环擦洗，擦洗时应不断转动棉球或软布，且由油渍边缘向中心擦洗，反之则会扩大油渍的范围。注意，要及时更换脏棉球和软布。油渍除净后，有机溶剂会自行挥发掉。

三、水浸法

油脂虽不溶于水，但遇到温水却可浮在水面。据此可以将有油渍的部分放入温水浸泡，油脂会慢慢悬浮水面，油渍便会除去。然而这种方法一般只限于地毯的边边角角，不宜多用。

总之，清除地毯的油渍要尽量利用家庭现有的条件，这样既快又方便。

怎样清洁、保养电冰箱？

为保障食品卫生，家用电冰箱在使用过程中要注意保持箱内的清洁卫生，及时清除箱内的残物。一般使用 1 ~ 2 周后，应停机用浸有温水的软布擦洗箱体内胆及食品搁架、盛器等附件；水果、蔬菜及生食品须洗净沥干后才能放入箱内，荤腥食品应先用保鲜纸或塑料袋包好后放入箱内。生鱼、生肉应装入塑料袋先进行急冻，使其外表部分形成冻结层后，再放入箱内温度较低的位置保存。此外，还要注意将生熟食品分开放置，以免造成交叉污染。但是很多人喜欢把东西往冰箱里堆，却忽视了清洁问题，特别是过节，食品扎堆挤在冰箱里，很容易出现卫生问题。那么，怎么清洁冰箱呢?

一、定期清扫压缩机和冷凝器

压缩机和冷凝器是冰箱的重要制冷部件，如果沾上灰尘会影响散热，导致使用寿命缩短、冰箱制冷效果减弱。所以，要定期检查，脏了就要清扫。当然，使用完全平背设计的冰箱不需考虑这个问题。因为平背式冰箱的冷凝器、压缩机都是内藏的，就不会出现以上情况。

二、定期清洁冰箱内部

冰箱使用时间长了，冰箱内的气味会很难闻，甚至会滋生细菌，影响食品原味，所以，冰箱使用一段时间后，要把冰箱内的食物拿出来，清洗冰箱内部。

1. 用浸有发酵粉或清洁剂温水的软布，擦洗内胆 1 ~ 2 遍，一般的异味即可消除，然后再用清水擦净。发酵粉的用量是每千克温水内加入 2 汤匙。若使用清洁剂，则应按产品说明书适当降低清洁剂的浓度。

2. 冰箱内沾有油迹或污垢而产生异味，可用中性洗涤剂擦洗，然后用清水揩净，但切忌使用强碱性洗衣粉、去污粉、汽油、香蕉水等，以免损坏内胆。

3. 如出现鱼腥臭味，可用浸有食醋或白酒的软布揩擦内胆，可迅速消除臭味，同时还有消毒作用。

4. 作为一种经常性的防臭措施，可以将活性炭放入平盘内，将平盘放置在箱内的上层搁架上，可消除各种异臭味。活性炭价格便宜，并可重复使用，它对许多有毒及有刺激性的气体均有很强的亲合、吸附能力。如需缩短除臭时间，只要适当加大用量即可。

三、冰箱保养注意事项

正确地使用和合理保养电冰箱，可以延长其寿命，减少耗电量，并有利于食物的冷藏保鲜。由于各种不同类型、规格的电冰箱，结构有些不同，功能与使用方法也有所区别。因此，初次使用应按随机说明书了解熟悉操作。

日常使用中应注意以下几点：

1. 电冰箱应放置在室内通风良好的地方，靠墙壁的应距离 10 厘米以上，周围忌热源、避阳光照射。电冰箱放置要平稳妥贴，尽量避免碰撞、振动。

2. 合理调节温控旋钮，应根据存放食物品种、数量的不同和气候季节恰当选择箱温，以维持最佳冷藏效果。

3. 电源应用三芯安全插头和插座，并安装安全保护接地线以确保安全。切勿将原配三芯插头改换为两芯插头使用。

4. 冷藏食物不宜过多堆积，还须按食物所需不同冷藏温度分别存放，食物之间应留有一定空隙，以利冷空气交换对流。荤性食物应用塑料袋或保鲜纸包裹贮存，既避免特有异味相互污染影响，又利于保持鲜度。热的食物应冷却后再放入冰箱。

5. 不要经常打开箱门，并尽量缩短开门时间，以免热空气进入，额外增加压缩机工作量。

6. 经常进行除霜，但忌用金属工具刮铲，以免损坏蒸发器。

7. 定期清洗冰箱，保持箱内外整洁；定期用软毛刷清扫压缩机和冷凝器外露设备上的积灰，但忌用水冲洗。

8. 遇到停电，尽可能不要打开冰箱，以延长食品保鲜时间，如事先知道停电时间。则应将温控器调节至“冷”的位置，使冰箱达到最大冷冻温度。或预制大量冰块，以利于冷藏食物的保鲜。

9. 冰箱长期不用时，应将电源插头拔下，并将箱内食物全部取出，箱内冰霜融化后，应清洗、擦干，并将箱门稍许打开，以利通风，除去异味。

10. 搬运移动电冰箱时，倾斜度不能超过 45°，并注意后面的冷凝器，勿使碰撞，以免冷凝器变形、损坏。

怎样清洁、保养电视机？

科技进步极大地提高了人们的生活水平，各种家用电器大量进入家庭，但电器的普及也增加了各种病菌传播的途径，对健康造成新的危害。因此，家电的清洗与消毒必不可少。

电视机使用日久，因使用环境和自身带静电等原因，极易附着灰尘和油污，不但影响美观，还直接影响其使用寿命及家人的健康。

电视机屏幕由于高压静电，极易吸上灰尘，影响图像的清晰度。在清理过程中如方法不当容易划伤屏幕。可用专用清洁剂和干净的柔软布团擦洗，能清除荧屏上的手指印、污渍及尘垢，或是用棉球蘸取磁头清洗液擦拭，最后一定要擦干。也可用水清洗，但是由于屏幕由玻璃制成，为了避免清洗时因冷热骤变使屏幕受损，在清洗时，先要关闭电视机，等待几分钟让屏幕冷却，才能开始清洗。

电视机的外壳可以用水清洗，但抹布必须是半干的，即用手拧不出水来。清洁时，先切断电源，将电源插头拔下，用柔软的布擦拭，切勿用汽油、溶剂或任何化学试剂清洁外壳。如果外壳油污较重时，可用40 ℃的热水加上3～5毫升的洗涤剂搅拌后进行擦拭。

为了避免电视机出现故障，除了要经常清洁电视机之外，还要做好其他的保养工作：

一、不要让电视机受潮

电视机由多个元器件组成，电视机受潮后，绝缘度下降，内部又有高压，就会引起高压打火、管座漏电、聚焦电压低、图像模糊，产生多种故障，甚至发生火灾。所以一定要把电视机放到通风干燥的地方，至少半个月通一次电。

二、不要掩盖电视机

电视机外壳上的小孔是用来散热的，有的人怕灰尘进入电视机用布罩将电视机小孔掩盖得严严实实，电视机工作后热量散发不出去，导致电子元器件过热而被烧坏。只有电视机断电没有热量后，才能盖面罩。

三、不要只用遥控关机

有的人看完电视后喜欢用遥控关机，多数电视机遥控关机后一部分电路仍然工作着，一是耗电，二是夜晚电压波动大，电视机容易被损坏。正确的方法是看完电视或长时间不看时，将电视机上的电源开关关闭。

四、不要将带磁的东西靠近电视机

彩色电视机最怕强磁干扰，带有磁性的物体在荧光屏前移过，将会导致色彩紊乱。电视机充磁后，用消磁器消磁就好了。

怎样正确使用、保养洗衣机？

正确使用、保养洗衣机，不但能确保洗衣机的应有功能，而且还能延长使用寿命。日常操作时应注意以下几点：

1. 初次使用洗衣机，务必仔细按说明书规定操作。

2. 洗衣机应安置平稳。地面稍有不平，可调整底座的支脚螺母，达到平稳。

3. 洗衣机均具有三芯电源插头，为此必须安装有安全保护接地线的三芯插座，切勿擅自将三芯插头改为两芯插头使用，以确保安全。如果要确保安全，可从机壳上引出接地线，直接牢固地接在自来水管上。因为洗衣机始终带水工作，而且环境也往往是潮湿的，不仅要重视一万，而且决不可麻痹万一。

4. 根据洗衣机的额定洗衣量使用，不宜超量。过量超重会阻碍洗衣缸波轮的正常运转，甚至不动，同时使电机因负载过重而发热烧坏。尤其是吸水性强的羊毛毯、厚绒毯、劳动布、帆布等衣物更不能超量，最好不用洗衣机洗涤，万不得已，也宜单独分批洗涤。

5. 洗涤前衣服口袋里的东西要全部取出，尤其硬物必须取出，否则会损坏桶壁或波轮、洗涤羊毛衫、绒线衫等较疏松的织物时，应装在纱布口袋里，以免卷绕在波轮上。

6. 洗衣桶与波轮大多数是塑料制品，洗涤时忌用开水或高温水，以免塑料变形，在冬季不宜在零度以下的室外环境中使用。

7. 洗衣机的注入水量要适当。太少，洗涤不净，又容易磨损衣服或波轮；过多，容易飞溅，若侵入面板上操纵控制部件，容易产生漏电、生锈现象。

8. 洗涤结束，将水排净，把洗衣机内外都用软布擦干，洗衣机表面有污迹，切勿用汽油、碱性液擦洗。这是很重要的保养知识。

9. 带有脱水桶的洗衣机，脱水桶旋转时切勿伸手拾取衣物，以防发生事故。

怎样正确清洁灯具？

在城市里，一般人家不论是自己打扫卫生，还是让保洁公司定期进行打理，都会忽视对灯具的清洁。有的人家里好几年都不清洗一次灯具，这样不仅让家里的灯亮不起来，更会因积累太多的灰尘而影响健康。

其实，家里灯具如果不是特别复杂（复式房子里特别大的吊灯），下面这些方法可以帮你解决清洗的问题。吸顶灯和吊灯都挂在高处，拆卸不方便，而且灯罩、灯泡又容易破碎，可用浅色棉袜或者双层洗澡巾翻过来套在手上，轻轻地擦拭。如果灯具很脏，可以在棉袜上倒一点厨用洗洁精，最后再用干净的旧棉袜擦拭一次即可。清洗高处的灯具应该两个人配合，注意安全。

灯罩的形状和材质不同，有不同的清洗方法：

1. 布质灯罩可以先用小吸尘器把表面灰尘吸走，然后把洗洁精或者家具专用洗涤剂倒一些在抹布上，边擦边替换抹布的位置。若灯罩内侧是纸质材料，应避免直接使用洗涤剂，以防破损。

2. 磨砂玻璃灯罩可用适合清洗玻璃的软布小心擦洗；或者用软布蘸牙膏擦洗，不平整的地方可用软布包裹筷子或牙签处理。

3. 树脂灯罩可用化纤掸子或专用掸子进行清洁。清洁后应喷上防静电喷雾，因为树脂材料易产生静电。

4. 褶皱灯罩可用棉签蘸水耐心地一点一点擦洗，如果特别脏的话，可用中性洗涤剂。

5. 水晶串珠灯罩做工细致精美，清洁很麻烦。如果灯罩由水晶串珠和金属制成，可直接用中性洗涤剂清洗。清洗后，把表面的水擦干，让其自然阴干。如果水晶串珠是用线穿上的，最好不要把线弄湿，可用软布蘸中性洗涤剂擦洗。金属灯座上的污垢，先把表面灰尘擦掉后，再在棉布上挤一点牙膏进行擦洗。

怎样清洁电脑硬件？

电脑使用时间长后，灰尘等污物会在机身内外积淀，风扇的叶片上会有大量的粘着物，势必会影响风扇转速和送风效果，缩短风扇寿命不说，更致命的是 CPU 将长期工作在较高温度之下，带来系统的不稳定。板卡上灰尘太多，天长日久就会腐蚀各配件、芯片等，造成故障。所以在平时或者一段时间对电脑进行清洁是非常必要的。

作为一般用户，怎样清洁电脑硬件呢？我们先来看看常用工具。电脑清洁维护不需要很复杂的工具，一般的除尘维护只需要准备螺丝刀、刷子、镜头拭纸、吹气球、回形针、一架小型台扇就可以了。刷子一般用户多用油漆刷，但一般刷子用非静电释放材料制成，如用来清扫板卡，容易造成静电损伤问题。

一、在对硬件进行清洁维护时，需注意以下问题

1. 拔去电源。确保安全，这是处理一般电器问题的第一步。在拆装任何零部件的过程中，不要进行热插拔，以免不小心误触而烧坏电脑。

2. 做好防静电措施。一般用户没有防静电服、鞋，也没有防静电手环等装备来防止静电损伤，但也可采取一些常规措施。如尽量避免干燥天气穿化纤衣服或者事先用手接触一下水龙头释放掉人体带的静电等。

3. 打开机箱之前先要确认电脑的各个配件的保质期。在保质期内的品牌机建议不要自己打开机箱进行清洁，因为这样就意味着失去了保修的权利。在保质期内的品牌机可以拿到服务点请专业人员进行内部除尘。

4. 拆卸时注意各插接线的接线位置，如硬盘线、软驱线、电源线等，以便正确还原。

5. 用螺丝固定各部件时，应首先对准部件的位置，然后再上紧螺丝。尤其是主板，略有位置偏差就可能导致插卡接触不良；主板安装不平将可能会导致内存条、适配卡接触不良甚至造成短路，天长日久甚至可能会发生形变导致故障发生。

二、键盘及鼠标的清洁

电脑键盘的清洁常常被忽视。其实，电脑键盘就如同平常接触的电话、马桶一样，存留了大量的病菌。键盘上每个按键间都有缝隙，容易积灰尘，平时表面可以擦擦，可对旮旯缝缝里的污垢细菌往往无能为力。如果在电脑键盘前吃东西掉进渣子或喝饮料不小心洒进去几滴，时间久了，键盘里的各种污垢会越积越多，要是用按了键盘的手再拿东西吃，细菌则直接进入体内。

很多人习惯翻过键盘从背面拍拍来清理灰尘，但这样清理根本不彻底，有时用力过大还可能拍坏里面的零件。其实可以用刷子（普通毛刷即可)，将刷头深入到键盘缝中，表面和内在同时清扫。还可以用棉签蘸取酒精来擦洗键盘按键，对于难以清洁的缝隙，找一小节细棍，像牙签就可以，缠上适量吸附力强的布或柔软的纸，蘸上酒精，就能比较容易地把灰尘擦出来。

同样，鼠标使用的时间长后，也会出现不听指挥的情况。这时就需要对其进行除尘处理。一般来说，机械鼠标只需要清理“身体”里的滚动球和滚动轴即可。将鼠标底的螺丝拧下来，打开鼠标。利用清洁剂清除鼠标滚动球和滚动轴上的污垢，然后将鼠标装好即可。由于光电鼠标多采用的密封设计，所以灰尘和污垢不会进入内部。平时在使用鼠标时，最好使用鼠标垫，这样会防止灰尘和污垢进入鼠标。

三、机箱外壳的清洁

由于机箱通常都是放在电脑桌下面，平时不是太注意清洁卫生，机箱外壳上很容易附着灰尘和污垢。大家可以先用干布将浮尘清除掉，然后用沾了清洗剂的布蘸水将一些顽渍擦掉，然后用毛刷轻轻刷掉机箱后部各种接口表层的灰尘即可。

四、主机的清洁

1. 将主机与外设之间的连线拔掉，用螺丝刀打开机箱，将电源盒拆下。你会看到在板卡上有灰尘，用吹气球细心地吹拭，特别是面板进风口的附件和电源盒（排风口）的附近，以及板卡的插接部位，同时应用台扇吹风，以便将被吹气球吹起来的灰尘盒机箱内壁上的灰尘带走。如果你觉得台扇和吹气球用起来麻烦，可使用 USB 迷你键盘吸尘器，直接插在 USB 接口上就可以用了，简单方便。

2. 将电源拆下，电脑的排风主要靠电源风扇，因此电源盒里的灰尘最多，用吹气球仔细清扫干净后装上。另外还需注意电风扇的叶子有没有变形，特别是经过夏季的高温，塑料的老化常常会使噪音变大，很可能就是这方面的原因。机箱内其他风扇也可以按照这个方法作清理。经常清除风扇上的灰尘可以最大程度地延长风扇寿命。

3. 将回形针展开，插入光驱前面板上的应急弹出孔，稍稍用力，光驱托盘就打开了。用镜头试纸将所及之处轻轻擦拭干净，注意不要探到光驱里面去。也不要用无水酒精等清洁光驱的激光头，以免对激光头造成伤害。不同的激光头，所用的材料也不同，对于一部分光驱，激其激光头物镜部分使用了一种类似于有机玻璃的物质，如果使用酒精擦拭它，酒精会溶解它的表面，使其变得不透明而彻底损坏光驱激光头。还有一部分光驱，激光头物镜表面有一层用真空沉积涂层法涂上去的薄膜，用以调节折射系数，使激光按特定波长无损失地通过，所以激光头显蓝色。但这层薄膜会溶解于酒精，用酒精擦拭这种激光头，会在擦去灰尘的同时溶解这层薄膜。尽管短期内光驱读盘能力会有所提高，但事实上激光头已经受损。

4. 最好每半年给 CPU 重新涂抹一次硅脂。硅脂虽然使用的是沸点较高的油脂作为介质，但是难免在使用中挥发。油脂挥发，会影响到它与散热片之间的衔接与导热。因此，重新涂抹一次硅脂，可以让硅脂的导热能力时刻保持在最好的状态。

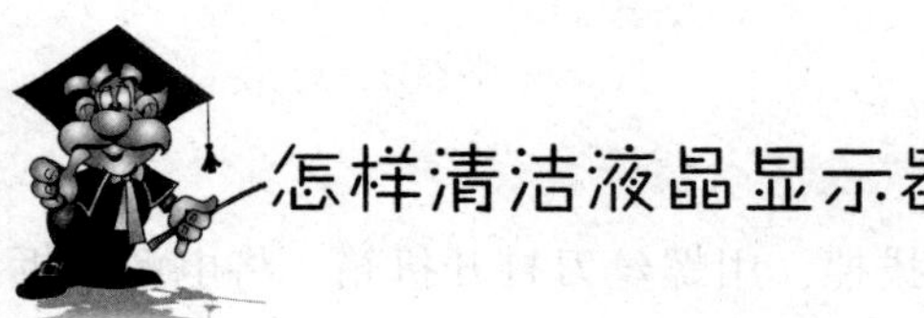

怎样清洁液晶显示器？

由于液晶面板本身复杂的物理结构设计，所以很多人在擦拭液晶面板的时候往往陷入误区，这里主要有三个误区：

一、用软布或纸巾来擦拭液晶屏幕

用布或纸巾来擦拭液晶屏幕，很容易划伤“娇气”的液晶屏幕。对于灰尘，我们可以使用鹿皮在液晶面板上轻轻擦拭，也可以选用高档眼镜布，不过效果并非最佳。遇到指纹和油污就不像前者那样容易清除。

二、用清水清洁液晶屏幕

使用清水清洁液晶屏幕，极易把水滴入液晶显示器和设备内部，这样会造成设备电路短路，从而烧坏昂贵的电子设备。对于指纹和油污，清水照样也无能为力。

三、用酒精和其他一些化学溶剂清洁液晶屏幕

一般来说，酒精是一种常用的有机溶剂，可以溶解一些不容易擦去的污垢，如果只是用来清洁显示器外壳，也没什么不良影响。但一定不要用酒精来清洁液晶屏幕，因为现在的液晶屏幕，都在屏幕上涂有特殊的涂层，使屏幕具有更好的显示效果，一旦使用酒精擦拭显示器屏幕，就会溶解这层特殊的涂层，对显示效果造成不良影响。

那么，应该怎样清洁液晶显示器呢？

清洁液晶显示器主要有三种方法：第一种是购买液晶显示器专用清洁剂或者专用的清洁纸巾对屏幕进行清洁。这种方法的效果最好，但是要出钱购买，维护成本不为零，不少消费者对此反感，并且觉得麻烦而不去做；第二种方法是采用柔软的镜头软布稍微沾点儿水后拧干，轻轻地对屏幕进行擦拭；第三种方法最为简单，就是用干燥的软毛刷来轻轻擦掉灰尘即可。另外要注意的一点是，在清洁时要关掉液晶显示器的电源，不要加电清洁液晶显示器。

铝和铜制品有锈斑，怎么办？

铝制器皿使用一段时间后，由于与空气中的氧气接触，铝表面会生成一层氧化铝“薄膜”，这就是所谓锈斑。这层薄膜紧紧地贴在铝的表面，防止里头的铝与氧化合，对铝制品起保护作用。

有的人看到铝制品生锈了，就用砂或煤球灰去擦，其实这是一种很不科学的做法。虽然沙子或煤球灰可以把铝制品擦得光亮如新，但这样会擦破氧化膜，没多久，铝因为没有氧化膜的保护，又继续与氧反应，重新披上一层氧化膜。如果经常这样擦，铝制品就会越擦越薄，缩短使用寿命。

所以，铝制品有了锈斑，没必要擦掉它，只要用软布蘸洗洁精擦去表面的灰尘或油渍就行了。

铜制品放久了，铜的表面与空气中的氧气结合，会生成氧化铜即锈斑。这层铜锈比铁锈强得多，因为它能像一层漆一样，紧贴在铜的表面，实在有点不太好看。怎么办呢？

这里介绍几种办法，可以把铜锈去掉。用棉花蘸点氨水，擦拭铜制品表面，锈斑就除掉了。也可以用醋擦洗铜制品，锈斑也容易除去，使表面洁净。面积较小的铜制品，如铜摆设、装饰品，和收藏的古铜币，用擦字的橡皮擦拭表面，也可除去锈斑，也不会损伤表面“品相”。

预防铜锈斑产生的办法很简单，只要用软布经常擦拭，持之以恒，就能保持铜制品光亮如新。不常用的铜器皿，擦拭干净后可在表面涂一层薄油，再用塑料袋封口即可。

饮食料理篇

蔬菜洗不干净，怎么办？

虽然你每天都在洗菜做菜，但你未必知道如何洗菜才是正确的。有人洗菜时，喜欢先切成块再洗，以为洗得更干净，但这是不科学的。蔬菜切碎后与水的直接接触面积增大很多倍，会使蔬菜中的水溶性维生素如维生素 B 族、维生素 C 和部分矿物质以及一些能溶于水的糖类溶解在水里而流失。同时蔬菜切碎后，还会增大被蔬菜表面细菌污染的机会，留下健康隐患。因此蔬菜不能先切后洗，而应该先洗后切。

比较合适的洗菜方法有以下几种：

一、清水浸泡洗涤法

这种方法主要用于叶类蔬菜，如菠菜、生菜、小白菜等。一般先用水冲洗掉表面污物，然后用清水浸泡，浸泡不少于 10 分钟。必要时可加入果蔬清洗剂，增加农药的溶出。如此清洗浸泡 2 ~ 3 次，基本上可清除绝大部分残留的农药成分。食用卷心菜要切开浸泡。市民在吃卷心菜、西兰花等蔬菜前，应注意清洗浸泡。据上海师范大学生命与环境科学学院生物系李利珍教授介绍，菜粉蝶又名菜白蝶，其幼虫就是常见的菜青虫。全国各地均有这种虫，它是甘蓝菜、卷心菜、西兰花、菜花、长叶莴苣等十字花科蔬菜的严重害虫。虽然菜粉蝶本身并无害，但菜青虫咬食叶片，咬过的叶子创口易诱发软腐病。

二、碱水浸泡清洗法

大多数有机磷杀虫剂在碱性环境下，可迅速分解，所以用碱水浸泡是去除蔬菜残留农药污染的有效方法之一。在500毫升清水中加入食用碱5～10克配制成碱水，将经初步冲洗后的蔬菜放入碱水中，根据菜量多少配足碱水，浸泡5～10分钟后用清水冲洗蔬菜，重复洗涤3次左右效果更好。

三、淡盐水浸泡清洗法

一般蔬菜先用清水至少冲洗3～6遍，然后泡入淡盐水中浸泡1小时，再用清水冲洗1遍。对包心类蔬菜，可先切开，放入清水中浸泡2小时，再用清水冲洗，以清除残留农药。

四、淘米水清洗法

淘米水属于酸性，有机磷农药遇酸性物质就会失去毒性。在淘米水中浸泡10分钟左右，用清水洗干净，就能使蔬菜残留的农药成分减少。

五、日照消毒法

阳光照射蔬菜会使蔬菜中部分残留农药被分解、破坏。据测定，蔬菜、水果在阳光下照射5分钟，有机氯、有机汞农药的残留量会减少60%。方便贮藏的蔬菜，应在室温下放两天左右，残留化学农药平均消失率为5%。

六、加热烹饪法

氨基甲酸酯类杀虫剂随着温度的升高，分解会加快。所以对一些其他方法难以处理的蔬菜可通过加热去除部分残留农药。常用于芹菜、圆白菜、青椒、豆角等。先用清水将表面污物洗净，放入沸水中2～5分钟捞出，然后用清水冲洗 1 ~2 遍后置于锅中烹饪成菜肴。可清除 90% 的残留农药。

七、清洗去皮法

对于带皮的蔬菜如黄瓜、胡萝卜、冬瓜、南瓜、茄子、西红柿等等，可以用锐器削去含有残留农药的外皮，只食用肉质部分，既可口又安全。

八、储存保管法

农药在空气中随着时间的推移，能够缓慢分解为对人体无害的物质。所以对一些易于保管的蔬菜，可以通过一定时间的存放，来减少农药残留量。如冬瓜、南瓜等不易腐烂的品种一般应存放 10 ~ 15 天。同时建议不要立即食用新采摘的未削皮的瓜果。

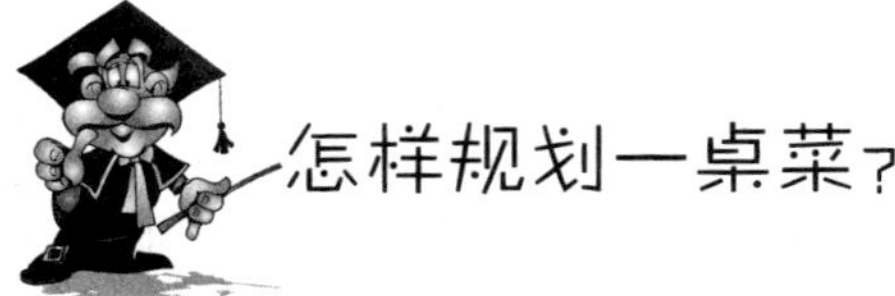

怎样规划一桌菜？

人际交往，是现代生活中不可避免的一门学问。也许是新朋旧友，依约而聚；也许是异乡亲戚，不期而至，大家欢聚一堂，其乐融融。然而怎样计划好一桌菜肴，常常是一个难题。

一、要掌握好数量

少了，盘底朝天，主人尴尬；多了，半吃半剩，造成浪费。一般来说，基数是四菜一汤，超过两人，添一人就添一菜。冷盘成熟后，每份 300 ~ 400 克；热炒鲜货每份主料 200 ~ 300 克；烧菜鲜货每份 500 ~ 750 克。当然，如果菜肴品种多，老人小孩多，份额也可相应减少。

二、要考虑客人口味

我国饮食文化发达，各地人口味不同，概括起来有“南甜、北咸、西辣、东酸”之说。南方人偏爱鲜嫩、爽口，主料多为禽蛋水产；北方人习惯汤浓色重，主料多为羊、猪、牛肉。另外，青壮年偏咸，老年人爱酥烂等等，其他就不一一例举了。

三、要发挥优势

出外作客的人，既想菜肴适合口味，也希望尝到异乡风味。北京的“烤鸭”、广州的“蛇餐”、新疆的“羊肉”、镇江的“肴肉”、杭州的“糖醋鱼”，客人当然想一尝为快。可以让山区人尝点海味，让沿海人尝点山珍。有的家庭，有自己的特色菜，当主人把“保留节目”端上桌时，大家的话题一定会转向它，向主人寻问讨教。不过，有时也要作些变通，譬如四川菜，辣味大打折扣后，仍让南方人不敢下筷。

四、要选用时鲜品种

如长江的鲥鱼初夏最肥嫩，刀鱼仲春味鲜，鳊鱼秋季肥美，雌蟹九月黄多，雄蟹十月丰满。冬季虾子适宜油爆，夏季以盐水煮为好。近几年，野菜受到人们欢迎，荠菜、马兰头、玉蒿苔，这些过去不登大雅之堂的野菜，渐渐成了春天的特色菜。

五、要估计好时间

如果依约而聚，当然可以精心设计、精心安排。采购之前，要列张菜单，写出主料、配料、调料、品种、数量，上了街，再根据行情调整。购回后，摘洗干净，加工成半成品放入冰箱。如来了不速之客，仓促下厨，要努力做到物尽其用。冰箱里有鱼，就可以炒鱼片、烩鱼圆、熏鱼、糖醋鱼，还可以红烧、清蒸。鸡、蛋也可以做出好多种菜肴。家中若有木耳、粉丝、腐竹等干货以及罐头，也可以组合成菜。如果是老同学相聚，大家动筷，不妨大家动手，以熟食、水果、点心为主，然后一起坐下，这样也使气氛显得轻松愉快。

六、要具有多样性

原料应多样，自不必多说烹调上也要具有多样性。形状上注意丝、片、丁、块、段的划分。色彩上注意配料中红（大椒、山楂糕）、黄（胡萝卜、蛋）、绿（青菜心、菠菜、蒜）、黑（木耳、海带）的配合和点缀；调味的选用上，放不放红酱油，往往决定了菜肴的色彩。口味上咸、酸、甜、辣、香、鲜相间。烹调手法上炸、爆、熘、烧、烩，避免单一。

七、要有次序

一般家宴，客人就座前，即上好冷盘菜，而后逐一上热炒，热炒中清淡的先上，油腻的后上。然后上烧菜、点心、甜菜，最后上汤菜。

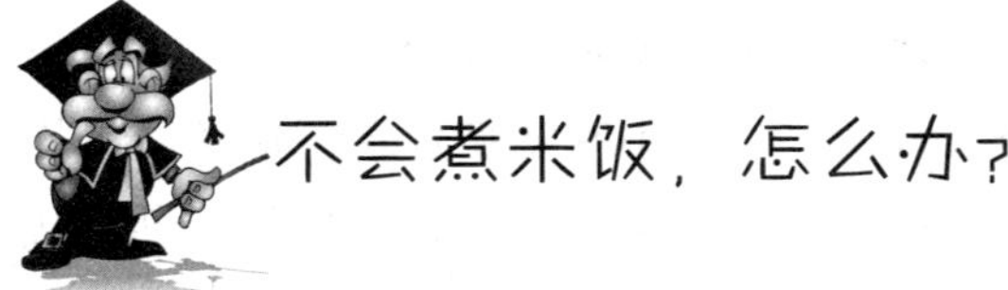

不会煮米饭，怎么办？

煮米饭虽然简单，但其中也包含不少学问。如何煮好米饭呢？

一、要会识别米的种类以及新米和陈米

米是由稻谷经碾制脱壳而成，按性质可分为籼米、粳米和糯米三类。籼米，又称中米，其特征是颗粒呈细长形，横断面为扁圆形，呈灰白色，半透明的较多（也有不透明的和透明的）。硬度中等，制成的米饭粘性比较小，体积膨胀较大，所需的水分较多，口味较差。粳米，又叫大米，其特征是颗粒呈短圆形，横断面接近圆形，色泽蜡白，透明的和半透明的较多。它的特点是硬度高，制成的米饭粘性高于籼米而低于糯米，膨胀的体积低于籼米而高于糯米，做成的饭柔软香甜。糯米，又称江米、茶米，其特征是粒形宽厚，色泽呈乳白色，横断面近似圆形；也有一种粒形细长，质量较差。糯米的特点是硬度低粘性大，最适于制作点心。

不管是籼米、粳米还是糯米，新鲜的有正常的香味，有光泽，无米糠及虫蛀现象。而陈米则缺少香味，色泽暗淡发黄，有米糠及虫蛀现象。

二、根据米的性质确定煮米饭加水的量

一般来说，同样数量的米煮饭时，需加水的量以籼米最多，粳米次之，糯米再次之。因为籼米中的淀粉在受热膨胀糊化时所需吸收的水分最多，而粳米要少一些，糯米就更少了。同样数量的新米和陈米，煮饭时新米所需加水量就少些，而陈米则要多些，其主要原因是新米中含水量较大，而陈米的含水量较小。

以新米为例，一般籼米和水的比例约为1:2，粳米约为1:1.5，糯米约为1:1。但由于不同地区生产的米质不同，其加水量要适当增减。

三、煮饭时注意火候

洗净的米，加入适量的水，烧至煮沸，见水分开始收干时，改用小火焖十分钟左右。焖时，转动饭锅使接火点不断变换位置，这样受热均匀。因为饭接近成熟时，传热较慢，不变换接火点，就会烧焦。煮饭从化学上讲是米中的淀粉受热吸收水分，并逐渐糊化的过程，需要一定的时间才能完成，改用小火，使糊化作用充分进行，米饭吃起来既粘又香。如果不用小火，烧出的饭会夹生。如果仍用大火，则会把饭烧焦。

目前，家庭中使用的电饭锅烧饭十分方便，只要按锅上的刻度量来放水，接通电源即可。

不会蒸馒头，怎么办？

馒头是北方人的主食，米饭是南方人的主食。随着生活节奏的加快，很多人仍然是自己蒸米饭，却很少有人自己蒸馒头吃了。因为从原料→和面→发酵→成型→醒发→汽蒸→冷却→成品，馒头一共需要8个程序，比蒸米饭复杂得多。闲暇之余，自己动手，做一些卫生、健康、好吃的馒头，引来家人、朋友的频频赞誉，也是一个不错的生活调剂噢！下面介绍三种蒸馒头的方法，大家可以根据自己的喜好，选择最适合自己的蒸馒头方法。

一、自发粉蒸馒头法

自发粉蒸馒头省去了兑碱、发酵两个最复杂的程序，从揉面到成品，仅需要 1～1.5 小时，且效果也不比其他两种方法蒸的馒头差。最适合时间比较紧、有点懒的美眉。

二、发酵粉蒸馒头法

发酵粉蒸馒头法是目前大多数家庭主妇常用的方法。用酵母粉发面，不用兑碱，避免因为碱大馒头发黄和碱小馒头发酸的两种可能性。具体操作步骤如下：

1. 揉面。用适量温开水将发酵粉溶化开，把面粉倒入面盆中，开始加入酵母水、温开水揉面。揉到面团不再有气泡、软硬适度、光滑不粘手。

2. 发酵。用湿布盖好面盆，醒面发酵。夏天 1～2 小时，冬天 3～6 小时，根据温度不同而发酵时间不同。冬天可以把面盆放置暖气或者煤火边，以缩短发酵时间。等面团发大，闻起来有一种酵母的香味，可以揭开湿布检查是否发好面。方法是：用手指拨开面团，如果面团上有蜂窝样的小气泡、小孔就好了。蒸馒头的面粉建议用普通面粉或者中筋面粉，而不要用精面粉。因为精面粉太筋道，发面不太好，而适合做面条。

3. 成型。将发好的面继续揉透、揉光，建议至少揉 20 分钟。妈妈告诉我，揉面的最高境界就是做到三光，即面光、盆光、手光。目前我只能做好面光和盆光，手上每次还是有一些残留的余面。面团揉好后，搓成长条，切成一个一个剂子，然后根据个人喜好，直接摆成方形的刀切馒头状，或者揉成圆馒头形状。

4. 醒发。夏天 15～30 分钟，冬天 30～60 分钟。冬天室温比较低时，也需要把成型的馒头放置暖气边或电热毯上，加快二次醒发，蒸出来的馒头会更大更白。

5. 汽蒸。冷水上屉，将馒头摆在笼屉上（笼屉上要放一层湿纱布），然后根据馒头大小，大火蒸20～30分钟熄火。注意熄火后不要立刻揭开锅盖，再停3～5分钟后揭开锅盖，起揭馒头。

三、面发酵蒸馒头法

1. 和面。用温开水将面引子溶化开，然后倒入面粉盆中，将老面和新面粉一起揉成面团，揉至面团不再有气泡、软硬适度、光滑不粘手。

2. 发酵。参考发酵粉蒸馒头法目录下的2。

3. 揉面。面肥发的面一般比较蓬松、过开。所以需要稍微加点碱，中和一下面酸。放碱的比例要看发面的情况而定，一般用拇指、食指和中指捏一小撮即可。具体请看蒸馒头的小窍门目录下的4。

4. 成型、醒发、汽蒸。步骤参考发酵粉蒸馒头法目录下的成型、醒发和汽蒸。

四、蒸馒头的小窍门

1. 发酵很长时间后，面团一直似发非发。可在面团中间挖个小坑，倒进两小杯白酒，10分钟后，面团就发开了。

2. 用蜂蜜代替酵母。发面时如果没有酵母，可用蜂蜜代替，每500克面粉加蜂蜜15～20克。面团揉软后，盖湿布4～6小时即可发起。蜂蜜发面蒸出的馒头松软清香，入口回甜。

3. 白糖可缩短发面时间。冬天室内温度低，发面需要的时间较长，如果发酵时在面里放点白糖，就可以缩短发面的时间。

4. 如何检查碱是否适量。在发酵的面团里，人们常要放入适量碱来除去酸味。检查施碱量是否适中，可将面团用刀切一块，上面如有芝麻粒大小均匀的孔，则说明用碱量适宜。

5. 蒸出来的馒头碱多了。如果碱放多了，馒头会变黄，且碱味难闻，可在蒸过馒头的水中加入食醋100～160克，把已蒸过的馒头再放入锅中蒸10～15分钟，馒头即可变白，且无碱味。

有的人说，自发粉或者发酵粉发的面没有用面肥发的面开，但经过亲自试验和询问有经验的朋友，你就会发现效果是一样的。如果你想馒头更好吃些，可以加入牛奶、白糖等。但无论哪种蒸馒头的方法，大家记得成型后要再醒发15～30分钟再上屉蒸。而且切忌不要用热水蒸馒头，而是冷水上屉。如果注意这两点，就可以蒸出又白又好吃的馒头了。

不会包饺子，怎么办？

饺子，又叫扁食，有的地区称之为水点心。饺子的历史源远流长，明宫史上记载说："五更起吃水点心，即扁食"；明朝时又称为"饺子"，意义即"交子"。大年三十子时"交子"预示着新旧交替，而"饺子"也就成了新旧交替的象征：新年钟声敲响时饺子才能下锅，今年吃上去年的饺子，意味着富富有余。饺子是人们喜闻乐道的面食，更因为它的品种繁多，风味特别，也就成了中餐中具有代表性的食品。那么，如何才能包好一顿精美的饺子宴呢？

一、擀饺皮

将适量面粉倒入容器中，加入适量冷水，一边加水一边不停搅拌，顺着一个方向揉至不粘手为止，最后揉捏成一个大面团。把面团放在案上，撒些面粉，揉成细长形，像擀面棒似的，用手揪成一个个小汤圆大小的小块，用擀棒来回挤压几次，旋转一下，用擀棒再来回挤压几次，注意中间稍厚四周薄，这样，一张张圆圆的饺皮便在你的手下产生了。

二、拌饺馅

饺馅一般可分为纯素、纯荤、荤素搭配三种。猪肉、鸡肉、兔肉、黑鱼、甲鱼、海参、鲜虾、腐竹、木耳、笋片、香菇及各类蔬菜均可作馅。下面以猪肉白菜饺馅为例。

选前夹肉，洗净切成丁状或用绞肉机绞碎，倒少许精炼油入锅熬熟，再倒入切碎的肉略加翻炒，滴少许酒，加入适量葱末、姜末、酱油、盐、白糖、味精。大白菜去掉败叶，洗净烫至六七成熟，捞起、切碎、挤干水分备用。将备好的大白菜倒入肉馅中，按顺时针或逆时针方向搅拌均匀。

三、包饺子

将擀好的饺皮摊开，在中间放上适量的馅，然后将饺皮对折，先中间后两边，边缘用手挤压成阶梯形，或两掌心相对，两大拇指并排一捏即成。两张饺皮中间放入馅对捏叫太阳花，又叫花盘饺子、花边饺子。

注意：

1. 用鲜虾、笋片、肥肉、胡萝卜等做馅时，肥肉要炒一下。
2. 芹菜做馅时用开水烫一下，馅会更加清香爽口。

怎样宰杀家禽并将其褪毛？

家禽主要有鸡、鸭、鹅、菜鸽、鹌鹑等，是餐桌上常见的佳肴。但以家禽做菜首先要进行宰杀。宰杀家禽这道工序非常重要，直接影响到制成的菜的质量。例如，宰杀的家禽血未放尽，烧出来的家禽则颜色暗红，既影响菜的质量，又影响美观，从而减少人们的食欲。

那么，我们应当怎样宰杀家禽呢？

要把家禽宰杀好，关键在于采取正确的姿势。宰杀时先用左手（虎口向前）握牢家禽的翅膀，用左手小指将家禽的右腿勾住，用左手拇指和食指紧紧捏住颈骨后面的皮向后拧转，右手在下刀处（一般靠近头部，在第一颈骨与第二颈骨之间）拔去一些颈毛，露出颈皮；这时左手的拇指和食指用力收紧家禽的颈皮，促使家禽的气管和食管向前突出，同时让手指捏到颈骨的后面，以防下刀时割伤手指。

右手持刀割断家禽的气管和食管（刀口要小）。宰杀后，迅速用右手捏紧家禽的头，使其头向下、尾向上，让血液流入事先准备好的小碗中。在放血时，抓住翅膀的左手应适当放松一些，以便使家禽的翅部血液能顺利流出，否则会造成瘀血，使翅膀的肉质变成暗红色。待血放尽后，家禽不挣扎时，将手松开。

家禽的宰杀要进行得干净利落，就一定要掌握正确的方法，否则就会手忙脚乱，甚至会沾上家禽血液或割伤手指。

家禽宰杀之后就要为其褪毛，但褪毛是一项颇费手脚的事，下面介绍为家禽褪毛的一点窍门：

1. 在宰杀时就为褪毛作一些准备。在宰杀之前，先给家禽灌进一二汤匙酒，使其肌肉放松、体表毛孔自然放开，这样褪毛时比较容易褪尽。宰杀鸭、鹅时，给它们灌一些凉水，并用凉水把鸭、鹅全身淋透，也一样有效。

2. 把握好褪毛时机。家禽宰杀后 15 分钟内必须烫泡褪毛，否则时间一长，死后的家禽机体会变僵变硬，表皮毛孔紧缩，毛不易褪尽。

3. 要掌握好烫泡的水温和时间。家禽的褪毛一般采用烫泡法，即把宰杀好的家禽放在开水中浸泡。水温一般在 90 ℃左右，烫的时间约 5 分钟，并要烫透。此外，还要根据家禽的老嫩和季节的变化等因素灵活掌握。比如一般质嫩的家禽应将水温降低一点，烫的时间稍短一些。而质老的家禽，要适当提高水温，延长烫泡时间。在冬季，水温可偏高，夏季水温可偏低一些，降至 80 ℃左右。不同的家禽烫的时间又有所区别，相比较而言，鸡烫的时间要短一些，鸭、鹅可稍微长一些。

4. 注意褪毛的方向。大的羽毛（如翅膀上的毛）要用手抓紧顺着毛孔拔出；而小的绒毛（如颈部、身体上的毛）要逆着毛孔用掌根推。

民间还有一些独特的褪毛法，如松香褪毛法。这种方法是先把家禽大毛去除，然后在锅中把松香化开，把难以褪尽的部位放入锅中沾上松香拿出，待冷却，剥去松香，小绒毛也随之剥落。

怎样巧去鱼鳞和鱼腥味?

鱼类，因为含有丰富的蛋白质、脂肪、无机盐和维生素等营养成分，在日常生活中越来越受到人们的青睐，已是厨房中重要的烹调原料。

鱼类品种很多，根据生活环境的不同可分咸水鱼和淡水鱼，所以它们的性质也就有所不同。有的鱼身上长着大片大片硬硬的鱼鳞，如骨片鳞一类的鱼，像大黄鱼、小黄鱼、鲤鱼、茸鱼等等。而有的鱼体表面鱼鳞退化成了细细密密的油脂层和腥气很重的粘液，像带鱼、鳗鱼、鳞鱼。那么加工时怎样处理它们呢？这就要我们根据实际情况来巧去鱼鳞了。

通常认为，刮鱼鳞用越锋利的刀越好，其实不然，因为这样很容易将按住鱼身的左手碰伤，应该用较钝的刀口或用刀背从尾部向头部推进，使鱼鳞因受外力作用而剥落。按照从尾部到头部的次序，依次用力刮鱼鳞，这种方法适用于容易去鳞的鱼或体型较小的鱼类。

但是常常有这样的情况，有的鱼尾部的鳞比较容易去掉，到鱼身部位就刮不动了，怎么办呢？可采用“蛙跳”的方法，隔几行刮掉一点后，再回到原来的地方再刮。这种化整为零、各个突破的方法，简便实用。

鱼腹部的鳞比较难刮，刮时要将鱼腹朝上，小心用力，防止伤鱼伤手。建议在左手处垫块抹布，既可防止鱼体滑动，又可保护自已的手不被碰伤。

那么，带鱼的鱼鳞已经退化为银白色的油脂层，清除起来很油腻，不容易清洗干净，怎么办呢？这时我们可采用两种方法来进行处理。

1. 将带鱼放入80 ℃左右的热水中约浸泡10秒钟，然后立即投进冷水中，用刷子刷一刷，或者用手捋一下，鱼鳞就随之去掉。

2. 如果带鱼表面较脏，可放进淘米水中擦洗，这样，就能很快将带鱼洗净。

鳗鱼和鳝鱼因鱼体表面布满了粘液，清除时可直接放入开水锅中洗去粘液和腥味，然后再使用清水洗净。而鳝鱼还有一种比较好的清除粘液的方法，即锅中加入凉水，加适量的盐和醋（加盐的目的是使鱼肉中的蛋白质凝固，加适量的醋则是去其腥味）。然后放入鳝鱼，并迅速将锅盖盖上，用大火将水烧开，直到烫至鳝鱼嘴巴张开。这时捞出放入冷水中浸凉，洗去其粘液。

一般来讲，鱼鳞是不好食用的，大部分都要去掉，但也有特殊的鱼类，是可以把鱼鳞保留下来的。比如新鲜的鲥鱼和白鳞鱼，它们的鳞中含有较丰富的蛋白质和矿物质，并且烹调后很易被人体消化吸收，且味道鲜美，故不需刮鳞。所以我们首先要了解清楚鱼的性质再进行初步加工，才会使它的营养成分不流失，并能保持特殊风味。另外，还有一类皮较粗糙、颜色不美观的宽体舌鳎、斑头舌鳎鱼，此类鱼在加工时先将腹部鳞片刮净，由背部鱼头处割一刀口，捏紧鱼皮用力撕下，然后再洗净即可。

淡水鱼常栖息在水底，由于水中腐殖质较多，很适应于微生物生长繁殖，所以鱼体表面、鳃部和消化道内附有大量细菌，其中放线菌在生长繁殖过程中分泌出一种土腥味的褐色物质，这些褐色物质会通过鱼腮进入血液中。那么，怎样才能除去鱼的土腥味呢？办法如下：

1. 鲜活鱼在食用前可在清水中放养一至两天，使之排尽腹中泥污，如在水中滴几滴香油效果更理想。

2. 在宰杀时，须刮鳞、去鳍、挖腮（但鲫鱼鳞下多脂肪、味鲜美，清蒸不宜去鳞），然后从胸部或背脊开膛，取出内脏，注意不能碰破苦胆（一般海鱼无苦胆）。鱼腹有一层黑膜，腥气重，应除干净。甲鱼斩杀后，把它放在 70 ℃左右热水中浸泡，除去粘液，刮尽裙边上的黑釉和老皮，因为黑釉和老皮腥味最浓。鲤鱼背椎骨两侧各有一条由头至尾的“酸筋”，又称“土腥线”，其土腥味更浓，宰杀后用牙签将“土腥线”慢慢挑出。

3. 将鱼宰杀洗净后，放在冷水中浸泡，并加入少量的醋、料酒、胡椒粉和白糖。由于糖有吸附作用，能吸附鱼体内的异味物质，冷水能把鱼体内的血液置换出来，加之料酒、醋、胡椒粉的作用，就能除去鱼的腥味。

4. 鱼经整理浸泡后，用清水多漂洗几次，直到把鱼体内的血液及其他异味物质全部清洗干净。

5. 在烹制过程中加适量的葱、姜、蒜、大茴香、花椒、白糖、料酒、酱油等调料就能得到可口美味的佳肴。

另外再介绍一种烹饪方法，根据鱼腥克膻，羊膻克腥的方法，把羊肉和鱼两者相合制成汤菜不膻不腥，又鲜又嫩，味道殊佳，老少皆宜。

鱼胆弄破了，怎么办？

由于胆汁具有苦味，如果在杀鱼时不小心弄破了鱼胆，使鱼肉沾上了胆汁，那么烧出来的鱼将极其苦涩，难以进口。

我们日常食用的淡水鱼，有青鱼、草鱼、鲢鱼、鳙鱼、鲤鱼、编鱼等等。其胆汁中含有胆汁酸、鹅去氧胆酸、鹅牛磺胆酸和鹅牛磺去氧胆酸等成分，有严重的苦味，并有溶血作用。而且，胆汁中还含有胆汁毒素，其性质比较稳定，不易被加热和乙醇所破坏。鱼胆汁毒素进入胃肠后，首先到达肝脏和肾脏，导致肝脏、肾脏中毒，使肝脏毛细血管通透性增加，肾脏肾小管急性坏死，集合管阻塞和肝细胞变化，会导致肾功能衰竭，也能损伤脑细胞，造成神经系统和心血管系统的病变。由此可见，有时吃鱼胆会造成严重的食物中毒，甚至引起死亡。

因此，鱼胆弄破后，我们要及时进行处理，一方面要去掉鱼胆的苦味，另一方面要去掉鱼胆的胆汁毒素，防止食物中毒。可以从以下方面进行处理：

1. 用5%左右的纯碱溶液清洗，因为胆汁是呈酸性的，两者可以互相中和，去掉苦味。最后用清水清洗干净。

2. 用5%左右的小苏打溶液清洗，道理同上。最后用清水冲洗干净，鱼胆的苦味就去掉了。

3. 可用淘米水浸泡，然后用清水冲洗去掉苦胆味。

4. 用较多的黄酒进行清洗，因为胆汁易溶于酒精，最后用清水冲洗干净。

此外，民间有用酸醋涂抹的方法来去鱼胆苦味，根据以上分析是不可取的。

怎样清洗动物内脏？

因为猪、牛、羊的内脏等大都很污秽、油腻，带有腥臭味，如果洗不干净，就无法食用。因机体组织及内脏构造各有不同，洗涤方法也较复杂，可分为翻洗法、擦洗法、烫洗法、刮洗法、冲洗法、漂洗法等。甚至有些内脏必须经过几种洗涤方法才能洗干净。

一、翻洗法

此法主要用于洗涤肠、肚等内脏。因其里层十分污秽、油腻，如果不翻洗则无法洗净。洗大肠一般采用套肠翻洗法，就是把大肠口大的一头翻转过来，用手撑开，然后在翻转过来的大肠周围灌注清水，肠受水的压力，就会渐渐翻转过来，至里外完全翻转后，就可将肠内壁一些糟粕和污秽用力拉开，或用剪刀剪去，并用水反复洗涤干净。

二、擦洗法

一般用盐、矾擦洗，主要是为了除去原料上的油腻和粘液。例如，肠、肚在翻洗后，还要重新翻转过来，用盐、矾和少许醋在外壁上反复揉擦，以除去外壁上的粘液。

三、烫洗法

把初步洗涤的原料再放入锅中烫或煮一次，以除去腥臭气味。这种方法主要适用于有腥膻气味及血味过重的原料。将原料与冷水同时下锅煮烫，煮烫的时间应根据原料的性质及口味的不同而异。例如，肠、肚煮的时间要长些；腰、肝煮的时间短一些，水沸后即可取出，以保持脆嫩。冷水锅烫煮的作用，主要是使原料逐渐受热，外层不会因突然受热而收缩绷紧，有利于清除内部的血水和腥气味。

四、刮洗法

此法主要用刀刮去原料外皮的污秽和硬毛。洗脚爪一般用小刀刮去爪间污秽及余毛；洗猪舌、牛舌可先用开水浸泡，待舌苔发白时即可捞出，用小刀刮去白苔，再洗净。

五、冲洗法

此法又称灌水冲洗，主要适用于洗肺。肺叶的气管和支气管组织复杂，肺泡多，血污不易清除，因此洗肺时应将肺管套在自来水龙头上，将水灌入肺内，使肺叶扩张，血水流出，直灌至肺色转白，再破肺的外膜，洗净备用。

六、漂洗法

漂洗法就是用清水漂洗，主要适用于脑、脊髓等原料。这些原料嫩如豆腐，易损破，洗时一般应放在清水里，用一把稻草轻轻地剔除其外层的血衣和血筋，再用清水轻轻漂洗干净即可。

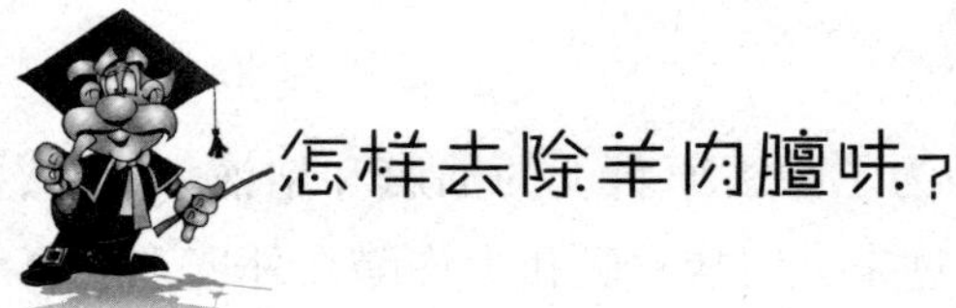

怎样去除羊肉膻味？

羊肉味甘性温，营养价值很高，所含钙质、铁质高于猪牛肉，而且能助元阳、补精血、治虚劳，对肺病及贫血、虚弱患者都非常有益，人们也都很爱吃，但羊肉的膻味影响了不少人的食欲。羊肉膻味主要来自羊肉中的挥发性脂肪酸，若在烹调前设法将其除掉或缓解，便可去除或减轻羊肉膻味。

很长时间以来，人们积累了许多去除羊肉膻味的方法，下面就介绍几种。

一、用米醋去除羊肉膻味

先把羊肉清洗干净，然后放进一升水加半两米醋的锅水中，把水烧开，捞出羊肉，再用清水洗干净就可备食。

二、用咖喱粉去除羊肉膻味

在烹饪羊肉时，放入适量的咖喱粉，一般一升羊肉放1/2或1/3包。

三、用萝卜去除羊肉膻味

将一个白萝卜或几个胡萝卜洗干净后切成块或片，放入锅水里与羊肉同煮，烧开后把羊肉捞出，再用清水洗一下。

四、用绿豆去除羊肉膻味

在煮羊肉的锅水里放入几十粒绿豆，煮开后把羊肉捞出，把绿豆和汤倒掉。

五、用料酒去除羊肉膻味

将生羊肉用冷水浸洗几遍后，切成片、丝或小块装盘，然后每500克羊肉用料酒50克、小苏打25克、食盐10克、白糖10克、味精5克、清水250克拌匀，待羊肉充分吸收调料后，再取蛋清3个、淀粉50克上浆备用。过些时候，料酒和小苏打可充分去除羊肉中的膻味。

六、浸泡去除羊肉膻味

将羊肉用冷水浸泡2~3天，每天换水2次，使羊肉肌浆蛋白中的氨类物质浸出，也可减少羊肉膻味。

七、用橘皮去除羊肉膻味

炖羊肉时，在锅里放入几个干橘皮，煮沸一段时间后捞出弃之，再放入几个干橘皮继续烹煮，也可去除羊肉膻味。

八、用核桃去除羊肉膻味

选上几个质好的核桃，将其打破，放入锅中与羊肉同煮，也可去膻。

冻鱼冻肉不易解冻，怎么办？

冷藏于冰箱中的冻鱼冻肉，由于有效地抑制了微生物和酶的活动，能够长时间保存而不腐化变质，同时还能够保持其原有风味、质地、色泽、营养价值。但在食用前，如何解冻却很重要。

冻鱼冻肉的解冻原则是：不使原料组织内的细胞发生破裂，避免原料内部汁液的流出，达到保持原料固有的质地和营养价值的目的。

常用的解冻方法有：

一、常温流水解冻法

有人常用热水解冻，但这样会使原料组织内的细胞膨胀破裂，导致原料内部汁液流出，影响它们应有的质地和营养价值。正确的做法是：将原料浸泡到冷水中，并勤换随之降了温的水，或将自来水开到较小的程度，让它自然流入，来不断换去降了温的水，这称为流水解冻法。实践证明，原料在低温水中解冻时，表面逐渐被浸润胀发，而内部组织的汁液很少流失，对品质风味影响很小，而且在水的浸洗作用下，原料表面的污染物和微生物被洗涤，可谓一举两得。

二、微波解冻法

这是一种更好的方法，既省事又省时。这是因为微波加热时，不是通常的由外部向内部传递热能，而是由原料内部的分子快速运动震荡摩擦而产生热，因此速度快。并且对原料性状、风味、营养价值影响不大，是一种极佳的解冻方法。用微波炉解冻时，一定要用最低档，而且要逐步加热。一开始要先加热两分钟左右，然后根据肉解冻的程度再确定加热时间，直到完全解冻。切忌一开始就加热10分钟。

三、盐水或醋解冻法

把冻肉先放在冰箱冷藏室1～2小时，就能让冻肉变软。这是因为冷藏室的温度一般在0℃左右，可以先软化冻肉。然后可将肉放在盐水里彻底解冻。这是因为，盐水可以加速冰的融化，而且不会滋生细菌。此外，还可以将叉子蘸点醋叉入肉中，也可以加快解冻速度。

四、铝盆解冻法

先把一个铝盆底朝上放在桌上，然后把冻鱼冻肉放在铝盆的底上，接着再把另一个铝盆底部朝下，轻轻地压在冻鱼冻肉上。压5分钟左右，即可解冻。这是利用了铝制品极强的导热性，把冻肉两端紧贴在铝锅上时，冻鱼冻肉就通过铝盆迅速和周围空气做热交换，不停的热交换后，冻鱼冻肉就会在很短的时间化开了。如果家中没有铝锅，铝盖、铝盆同样可以。

掌握了冻鱼冻肉的解冻方法，在烹制时就不必担心会有因解冻不当而变质变味的现象了。

切葱头刺眼流泪，怎么办？

提到洋葱，很多人都喜欢吃，但是提到切洋葱，令所有人都头痛，因为切洋葱会呛得人流眼泪，很少有人能控制得住。对此，我们应该怎么办呢？

葱头，又名胡葱、头葱、球葱。属百合科，为二年生或多年生植物。原产于伊朗、阿富汗，在我国栽培的历史较长，全国各地几乎均可生产，四季都有供应。葱头供食用的部位是地下肥大的鳞片组成的变态茎。根据其皮色可分为白皮、黄皮和红皮三种。白皮种，个体比较小，表面呈白色或略带绿色，肉质细嫩，汁多，辣味比较淡，品质较佳，适合于生食；黄皮种，个体中等大小，鳞片较薄，表面呈黄色，肉色白里带黄，肉质细嫩柔软，水分比较少，味甜稍有辣味，品质最好；红皮种，个体较大，外表为紫红色或暗粉红色，肉白里带红，质地比较脆嫩（但不及黄皮种），水分多，辣味很重，产量最高，品质较差。

不同品种的葱头切破后的辣味都能使人的眼睛流泪。其主要原因是因为葱头中含有浓度较高的二硫化物，每100克葱头中一般含二硫化物37毫克。二硫化物也是葱、大蒜、韭菜中挥发油的主要成分，具有特殊的辛辣味和臭味，具有很强的杀菌防腐能力。二硫化物在加热条件下可还原成硫醇，使辛辣味消失而有甜味，其杀菌能力也大大下降。

我们在切葱头时可采用以下两种方法防止葱头刺激眼睛流泪。

1. 用一盆冷水放在旁边，刀沾了水后切葱头，这样可使二硫化物溶于水中而使辛辣味减轻，这样眼睛就不流泪了。另外，还可以在切洋葱前在菜刀上抹点植物油，切时就不流泪了。

2. 如果烹制的菜肴不要求突出葱头的辛辣味，可以将葱头放冷水锅中煮沸。这样，葱头内的二硫化物因受热而生成硫醇，辛辣味失去，再直接用刀将葱头切成所需要的形状，也就可避免使人流泪了。

想自发豆芽，怎么办？

豆芽营养丰富，价格便宜，历史悠久。在著名的孔府菜中有一道“银芽鸡丝”就是用豆芽作原料制作的。

豆芽是将绿豆芽等原料放在通风环境下，加水泡发，在一定温度下生长出来的嫩芽。种类很多，常见的有用绿豆发的绿豆芽，用黄豆发的黄豆芽，此外还有赤豆芽、碗豆芽、蚕豆芽等。绿豆芽又称玉髯、巧菜、掐菜、银芽，可以做许多名菜，黄豆芽是寺院菜中制鲜汤不可缺少的一种原料。据统计，中餐中用豆芽作原料的有100多种。下面介绍一下发豆芽的步骤：

1. 要选择优质的原料。无论绿豆，黄豆还是其它豆类，一定要选用色浓而有光泽，粒形大而整齐的原料。

2. 准备一只木桶，底部最好能像蜂窝一样布满小孔，以便漏水。并用清水把桶刷净。

3. 将豆子洗净后，用温水浸泡，待豆子胀开后装入木桶，用三四层湿布盖好。第一天每隔5小时洒一次清水。水的多少以淋透为度。第二天每隔4小时洒一次水。同时，要检查桶内的温度，用手试着有温热感即可。若是温度过低，可洒一些温水增温，温度太高可多淋一点水。待豆芽长到4~5厘米时就可食用了。

发制豆芽要注意以下几个问题：

1. 一定要选用粒形饱满的豆类原料。

2. 洒的水、盖的布、用的桶一定要洁净，否则会影响豆芽的发制质量。

3. 发豆芽的桶一定要放在通风透光的地方，但又不能让太阳光晒着，免得豆芽发绿变老。

4. 要经常注意豆芽的生长情况，不能让桶内温度过高或过低。

5. 洒水要及时均匀，豆芽才能长得又快又整齐，每次洒水时要沥去前次的积水。

怎样泡发干货食品？

市场买的肉皮、蹄筋、海参等干货，一般都是鲜活原料经脱水干制而成，多是干、硬、老、韧，且多带腥臊气味。烹调前都须使其重新吸收水分，膨胀松软，并清除腥臊气味，这一过程即称发料。下面分别介绍一下它们的发料方法。

一、泡发肉皮

生肉皮制成水发肉皮，需经过“三硬、三软”的过程。先将生肉皮割下，铲除油膘，晒干到发硬，然后放入60 ℃的油锅中去焐。焐是个关键，温度不能过高，要用文火，一般掌握在油中起沫即可。在焐的过程中可适当翻动，大约焐3个小时，至肉皮卷缩、出现许多粒状小白泡时，即可捞出还软，冷却后再还硬，即称焐肉皮。焐肉皮可以存放，随时可氽。氽肉皮时油温要高，约100 ℃，等油冒烟，即可逐块下锅，在锅中，肉皮会卷起，可用筷子扒开或干脆下锅前即将肉皮切成小块，肉皮胀发，即成脆硬的油氽肉皮。油氽肉皮用水浸泡至柔软，即为水发肉皮。注意不要泡得过烂，食用时用水漂洗一下就行。如油腻、污垢重，未能发足，可用稀释后的热碱水洗泡一下。

二、泡发蹄筋

蹄筋与肉皮发法基本相同。先把干蹄筋放在油锅里焐，一般油要盖没蹄筋，用文火慢焐1.5～2.5小时，蹄筋起泡时，即可捞出冷却。食用时可随氽随发，氽时油温要高，在油出轻烟时下锅，氽到一定程度时，可捞出一根蹄筋折一下，能折断的就说明已胀发，即成油氽筋。然后放入水中浸泡柔软，洗净后即可烧煮食用。

三、泡发海蜇

泡发海蜇的方法并不复杂，先用清水将蜇头或蜇皮漂洗数次，洗掉泥沙及粘附在蜇皮上的一些血膜，最后再用清水泡一下即可。如有时间，多泡几天更好，切蜇丝时，要把蜇皮卷成卷，再用刀切成2～3毫米宽的丝，浸泡后仍用清水漂洗一下。烧锅开水，到水温在90 ℃左右（不可烧开）时，将蜇丝放入漏勺内，用勺子舀锅内的水浇拌蜇丝，视蜇丝一收缩，即刻放入凉开水中过凉，蜇丝即吸水胀发复原。如蜇丝量少，可用暖水瓶中的温开水冲拌一下，即放入凉开水中。此过程是胀发海蜇的关键，否则经开水一烫，蜇丝收缩，吃时失去爽脆特色，嚼起来发韧。

四、泡发鱿鱼

将干鱿鱼先用水浸泡一夜，捞出，然后每500克鱿鱼用50克烧碱，加适量清水化开，把捞出的鱿鱼放在烧碱水内浸泡。关键在于碱水必须适量，过少发不开，过浓则易使肉体腐烂，肉色发红。老的、大的鱿鱼，碱水可稍浓些，浸泡时间也可长些；嫩的、小的鱿鱼，碱水可稍淡些，浸泡时间也可短些。浸泡过程中可用木棒搅动两三次（不要将手浸入烧碱水内），使鱿鱼吃碱均匀。待鱿鱼体软变厚，再捞出放入清水中漂洗几次，浸入水中，每两三个小时换一次水，把碱水过清，第二天即可食用。食前最好用开水泡一次，再用冷水过清，这样就无碱水味了。

五、泡发海参

干海参到水发海参的制作过程特点是逐步胀发，关键在于焖焐。先将干海参烧煮柔软，火温不要高，80 ℃～90 ℃左右，然后逐渐降低火温，连续焖煮10小时左右。当海参已略有胀发并柔软时，取出去肠，剥洗干净，再用水烧煮。水开后将火温逐渐降低，烧至海参胀发柔软为止。再捞出泡在清水里养，让其自然胀发，即可食用。

怎样防止蔬菜在焯水时营养流失？

焯水，就是将初步加工的原料放在开水锅中加热至半熟或全熟，取出以备进一步烹调或调味。它是烹调中特别是冷拌菜不可缺少的一道工序，对菜肴的色、香、味，特别是色起着关键作用。焯水，又称出水、飞水。东北地区称为“紧”，河南一带称为“掸”，四川则称为“沮”。

为了保持蔬菜色泽，或除掉异味、涩味和草酸等，某些蔬菜烹调前必须进行焯水。但从营养学的角度分析，焯水可增加水溶性营养成分的损失，小白菜在100 ℃的水中烫两分钟，维生素C损失率高达65%；烫10分钟以上，维生素C几乎损失殆尽。因此，焯水应采用适当方法，尽量减少营养成分的损失。

采用沸水多水量、短时间焯水处理，可减少营养素的热损耗。因为蔬菜细胞组织中存在氧化酶，它能加速维生素C的氧化作用，尤其是在60 ℃～80 ℃的水温中，活性最高。在沸水中，氧化酶遇热不稳定，很快失去活性，同时沸水中几乎不含氧，因而减少了维生素C因热氧化而造成的损失。

在焯水中加入1%的食盐，使蔬菜处在生理食盐水溶液中，可使蔬菜内可溶性营养成分扩散到水中的速度减慢。

焯水前尽可能保持蔬菜完整形态，使受热和触水面积减少。在原料较多情况下，应分批投料，以保证原料处于较高水温中。

焯水后的蔬菜温度比较高，在离水后与空气中的氧气接触而产生热氧作用，这是营养素流失的继续。所以，焯水后的蔬菜应及时冷却降温。常用的方法是用多量冷水或冷风进行降温散热。前者因为蔬菜置于水中，由于水的作用，使可溶性营养成分损失；后者因没有这种因素存在，效果更好。

如果这样做的话，蔬菜经焯水处理后，维生素C的平均保存率为84.7%。

烹调中怎样注意保护维生素？

维生素是人体六大营养素之一，它既不组成人体组织，也不产生热量，人体的需求量很少，但缺少了它，人体就会患各种维生素缺乏症。如缺少维生素A，就会患夜盲症；儿童缺少维生素D，就会患佝偻病；缺少维生素B，就会患脚气病、皮炎；缺少维生素C，就会患坏血病……它对人体如此重要，却又十分“娇嫩”，它怕光怕热，怕碱怕氧……因此，在加工烹调中极易损失，那么，我们该如何保护它呢？

一、注意处理原料的合理性

比如淘米，有的同学担心淘米不干净，就反复冲洗，用力搓揉，结果把稻米中富含维生素的糊粉层和胚芽给淘洗掉了，这是十分可惜的。在切配原料时，尽可能切大些，这样，就能减少原料与空气、水的接触面，减少维生素的流失。原料应该先洗后切，不可切了再洗。原料切完之后应该尽量做到现切现烹，现烹现吃，这样维生素不会因为氧化而遭受损失，菜肴的风味也佳。回锅加热要尽量避免，否则维生素的损失就更大了。还有一些蔬菜原料是可以不下锅炒，用开水烫烫就行，能生吃的生吃，这样最能保护维生素。当然，生吃蔬菜要注意卫生，防止寄生虫和微生物的感染。

二、在烹调中要旺火快炒

在做熟菜的前提下，加热时间越短越好。据一些实验证明，叶菜类蔬菜，用旺火快炒的方法，可使维生素 C 保存率达到 60% ~70%，胡萝卜素达 70% ~90%。还有加盐不能太早，因为盐有渗透作用，会使原料中的维生素过早地渗出，而受到氧化加热的破坏。

如果同学们对保护维生素有深入了解的兴趣，这里还可以提供一些方法。如上浆挂糊，因为原料上了浆、挂了糊，就好比穿上了外衣，既避免了高温的伤害，又避免了和空气的接触，自然能不易受到损失。还有，在烹调过程中加醋，因为很多维生素都是怕碱不怕酸的，特别是人体需求量最大的维生素 C。

此外，勾芡、酵母发酵、不使用铜器烹调等等，都可以使维生素少受损失，达到保护维生素的目的。

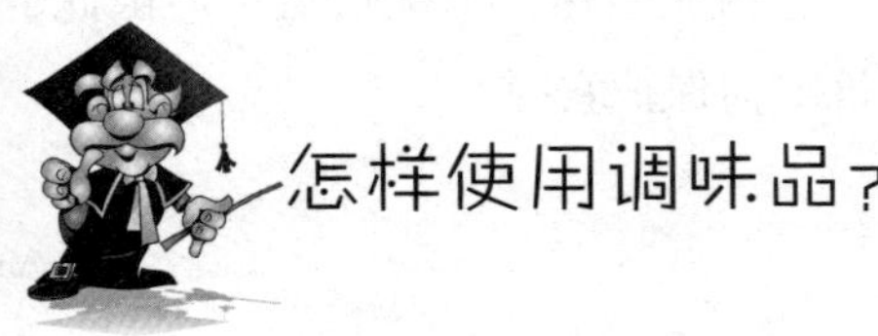

怎样使用调味品？

俗话说：“五味调和百味香。”要使“五味”调和成“百味”，并不是件容易的事，所以要想学好烹调，必须先掌握好常用调味品的使用。

一、咸味调味品

咸味是由盐及一些含盐调味品形成，如酱油、豆豉等。盐是“百味之首”，在日常生活中如果一样菜肴没有一点咸味的话，即使放入再多的味精，也还是淡而无味的，所以盐是最基本的调味品，具有提鲜的作用。但是盐的投放量有一定的限度，一般盐的投放量在菜肴总量的0.5%～2%之间，低于0.5%则淡，高于2%则偏咸。在甜菜中加入少量盐可以使甜味更甜，这是味的对比现象，正如俗话讲的“若想甜，加点盐”。酱油也是一类重要的咸味来源，通常有白酱油和红酱油两种，在烹制一些酱汁菜时常使用红酱油来上色，它不但具有咸味，而且还能使菜肴具有一种独特鲜味。

二、甜味调味品

它主要包括白糖、饴糖、蜂蜜及人工合成的糖精等。人们日常以糖为主要甜味剂。所以我们来谈谈糖的一些特性及使用方法。

1. 糖具有起脆和上色的作用。驰名中外的“北京烤鸭”其色泽金红油亮，表皮香脆，这是将饴糖抹在鸭子的表面，经烤制时发生糖焦化反应而形成的。

2. 糖具有吸潮性。在一定时间内可以吸收空气中的水分，来保持制品的柔松。如蛋糕在一定时间内很柔软，而不加糖的馒头则很容易发硬，就是这个道理。

3. 糖可增加面筋的胀润度和提高酵母的发酵力。糖可使面粉中的面筋胀润到适当的程度，以便制作点心。在发酵面团中，糖可以给酵母菌提供养料，从而提高发酵的速度。

三、酸味调味品

日常生活中酸味调味品主要是醋或醋精等。醋的酸味是由其中所含的醋酸产生的，醋酸易挥发，所以在使用时应在烹调接近尾声时再放入醋，以免失去酸味。另外，在烹调富含钙的菜肴时加入少量醋可以提高人体对钙的吸收率，如骨头汤中可以加入少量的醋。

四、苦味调味品

烹调中苦味调味品较少，因为苦味通常人们不喜欢，故一般苦味来源主要是人们喜爱的茶叶、咖啡、可可等。适当的苦味可起提神和开胃的作用。

五、辣味调味品

说到辣，大家都很熟悉，它主要来源于辣椒、胡椒、葱姜等，以及其制品。辣味可以刺激人的口腔、胃壁等，而让人产生一种刺激的快感。在烹调中，辣味的加入可以使人们的感觉转移到辣味上来，而忽视了其他味。所以在烹制鲜味和本味极佳的原料时应尽量避免使用或少用辣味调味，以免喧宾夺主。相反，如果烹饪原料本身具有不良气味时，也可使用辣味调味品来转移或掩盖。

除此以外，还有鲜味调味品，例如味精等。但味精不能高温烹调，温度过高，会产生对人体有害的物质。烹调时加入适量味精可以提高菜肴中的鲜度，比如，醋和味精在烹调时会产生鱼香味，但制作糖醋口味的菜肴时，就不宜加味精。

以上都是从“五味”的角度来介绍基本调味品的应用，当然还有一些其他调味品，酒、麻油等调味品的使用还应考虑个人或地区的差异。中餐在海内外深受人们的喜爱，这和中餐调味品的丰富是不无关系的。

怎样合理使用味精？

俗话说："鲜味不够，味精来凑。"这是人们对不高明厨师说的玩笑话。但也不可否认这样一个事实，味精已是家庭中不可缺少的一种调味品，但怎样合理使用，就不是每个人都知道的了。

味精，是一种人工合成的鲜味调料。它即使溶解在3 000倍的水中，仍然呈现出鲜美滋味，因而广泛地用于各种菜肴。尤其是一些本身无鲜味的原料，如：海参、鱼翅、蹄筋、熊掌等山珍海味，更需要味精来助一臂之力。

味精按照谷氨酸钠的含量，可分为99%、95%、90%、80%等几个品种，其99%规格呈结晶状，形状整齐，色泽晶莹，鲜味浓厚，是较好的品种。市场上常见的粉末状味精，系80%的品种，鲜味较淡。还有一种特鲜味精，亦称鸡精，是味精的又一新产品，由肌苷酸钠和鸟苷酸钠按不同比例与谷氨酸钠混合而成，它的鲜美程度是谷氨酸钠的几十倍，所以称特鲜味精。

味精使用得当，才能达到增加鲜美滋味的效果，否则，不仅没有鲜味，反而有害处。

合理使用味精有几条原则：

一、掌握温度

味精在70 ℃~90 ℃的水温下溶解度最高，一般应在菜肴出锅时加入为宜。如果在100 ℃以上的高温中使用，不仅没有鲜味，反而会产生一种对人体有害的毒性物质。温度过低鲜味效果也不好，如果是凉拌菜需要加味精，应先用热水化开，等凉后浇入凉菜内，方可达到理想的增鲜作用。

二、了解汤汁的酸碱度

味精在中性溶液，尤其是弱酸性溶液（如食醋）中鲜味效果最好，如同强烈的肉鲜味；在碱性溶液中，味精会起化学变化，产生一种具有不良气味的物质，而失去增鲜的作用。

三、适量使用味精

味精用量过多，会产生一种似咸非咸、似涩非涩的怪味。每人每天摄入量不应超过120毫克/千克，以体重60千克计算是7200毫克。

四、针对原料的特性使用味精

有人炒鸡蛋时，加入味精，这是不必要的，因为鸡蛋中含有大量的氨基酸，本身就具有鲜美的滋味，加入味精后，反而出现口味不净的感觉，在鸡汤中不加味精也是同样的道理。

最后一点需要说明的是，有的同学对食用味精有顾虑，认为它有“毒”，其实，只要我们科学地使用味精，不仅无害而且有益。味精可以像氨基酸一样直接为人体吸收，改善机体的营养状况，治疗神经衰弱、肝昏迷等病症。

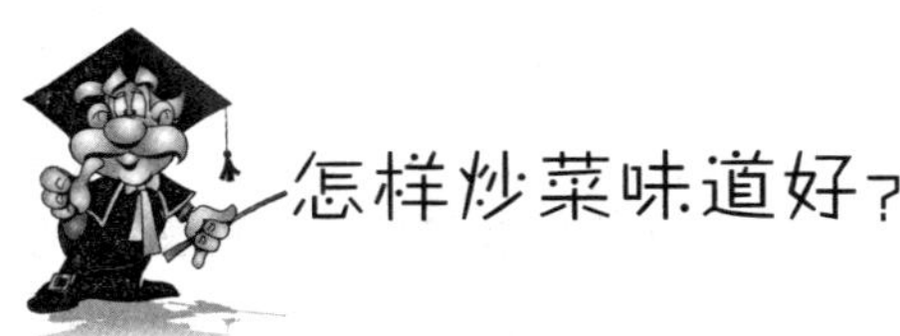

怎样炒菜味道好？

有的人以为炒菜时加的调味品越多越好，其实不然。古代《适口论》中就有评论：“物无定味，适口者珍。”这说明了菜肴味道要因人因地而异，做到适口，才算美味。菜的味道好坏，涉及到原料和加工两个方面。一般来说，制作时应当注意以下三条原则：

一、保持原料的本味

有很多烹调原料，本身具有可人的香气和口味，例如火腿、香菇等。在加工制作时我们应尽量予以保持，不使气味丧失，这样做出来的菜原汁原味，适口怡人，味道鲜美。

要保住原料的本味，需注意洗涤、切配和烹制三个环节。原料风味的破坏往往是从洗涤开始的。例如香菇的加工，如果用开水泡发，反复抓洗，敞锅长煮，这样烹制出来的香菇必定淡而无味。因此，保持原料的本味，我们要尽力做到冷水泡发、稍加洗涤、烧前改刀、烹时加盖、少加调味。这样原味不跑、菜味自鲜。

二、去除原料异味

有些原料有异味，如鱼有鱼腥味，羊有膻味。这些异味往往影响人们的食欲。对这些异味，我们要做到除味务尽。具体做法有两点：一是多泡多洗，如羊肉、狗肉、熊掌等，长时间用水浸泡，并勤加换水，拔尽肉中的血污，异味自去。二是烹制时多加调料，盖去异味。一般在烧鱼烧肉时都放入葱姜，就是这个道理。常用来去除腥膻味的调味品有糖、醋、葱、姜、酒等。

三、合理调味

俗话说“五味调和百味香”，调味品的合理使用及调配是菜味鲜美的关键。“五味”虽少，但巧妙的组合会产生无穷无尽的“味”。《适口论》中提到的“适口”的调味原则，做到却不容易。我国地域广阔，口味各异。一般来说，“东酸西辣，南甜北咸”。调味时注意因人而异，自然菜的口味便好了。

以上简单介绍了烹制菜肴时调味的一些原则，但中国烹饪历史悠久、内容广博，不是凭几点原则就能掌握好的。我们应该根据上述原则去不断学习、实践，来提高烹饪水平。

怎样识别火力的大小和油温的高低？

火候是烧菜成功与否的关键所在，要掌握火候，首先就要学会识别火力的大小和油温的高低。鉴别火力是掌握火候的前提，火力，是对火燃烧的程度而言的，烹调中，火力大致分四类。

一、旺火

又称武火、猛火、大火等，是指火焰高而稳定，呈现金黄色，光度明亮，热气逼人。这类火，适用于煸炒、爆、炸、烹等。原料适宜小、嫩，一次性投料少，烹调时间短。菜肴制品要求软嫩，也适用于炖烧中最后收汤，使卤汤收紧浓厚。

二、中火

又称文火、慢火，火焰低而摇晃，呈红色，光度较暗，辐射热度较强。这种火力多用于烧、煮、蒸、烩、扒等。

三、小火

火焰细小，时有起落，呈青绿色，光度暗淡，辐射热度较弱。这种火适于煎、贴等。原料质老或形大，加热时间长，制品要求是酥烂，如炖、焖。制作清汤、吊汤也要用小火。

四、微火

火呈暗红色，看不到火焰，供热微弱。这种火候，除用于特殊的烹调方法外，仅保温时用。

那我们应该怎样识别油温呢？

所谓油温，就是锅中的油经加热达到的各种温度，不论划油、走油，都应当正确掌握油温。油温大体可分三类：温油，三、四成热，90 ℃～130 ℃，无青烟、无响声、油面较平静，放入原料，原料周围出现少量气泡；热油，五、六成热，130 ℃～170 ℃，微有青烟，油从四周向中间翻动，放入原料，原料周围出现大量气泡；旺油，七、八成热，170 ℃～230 ℃，有青烟、油面较平静，用手勺搅时有响声，放入原料，原料周围出现大量气泡，并带有轻微的爆炸声。

正确的鉴别油温后，还要根据火力大小、原料性质以及下料多少三个方面，正确地掌握油温。一般地说，火力旺，油温高，易造成原料粘连散不开，造成外焦里不熟的现象；火力小，油温低，会造成原料脱浆、脱糊。原料多，火力应适当大些；原料少，火力应适当小些。

“纸上得来终觉浅，绝知此事要躬行。”只有根据学到的知识，反复实践，才能真正掌握火力和油温的鉴别方法。

怎样预防新大米发霉？

新鲜大米煮的饭香糯可口，老少皆宜。人们总想多买一些储藏在家中，然而时间一长，它又容易发霉生虫，尤其在春末夏初的阴雨天气，更容易发霉变质。怎样才能防止新大米发霉呢？

要使新大米不发霉生虫，就得讲究储藏方法，且要根据季节决定储存的数量。一般来说冬季天冷，气候干燥，霉菌不易繁殖，每次可多买一些，储存的时间可稍长一些。按三口之家的消费量计算，每次购买100斤为宜。春末夏初气温升高，半个月买一次，吃完再买。

大米要放在干燥通风的地方，不要放在阴暗潮湿的角落，以免水气侵入。最好用干净的木箱盛放，因为木箱防潮，而且透气。

下面介绍几种储藏新鲜大米的方法。

一、花椒防霉法

用锅煮沸花椒水，再将晾凉后的盛米的布袋浸泡其中，然后取出晾干。把买来的大米倒入布袋，再用纱布袋包一些花椒，分放在米袋的上、中、下部，扎紧袋口，放在阴凉通风的地方，既能防霉，也能驱虫。也可以用纱布袋装上花椒，直接放在干净的米袋内。如果米较多，可多做几个小纱布袋装上花椒，分放在米缸的中、下部，缸盖或米袋口一定要盖严或扎紧。

二、草木灰吸湿法

将新大米晾干，装入缸中，在缸口铺一层纸，上面撒一层 2~3 厘米厚的草木灰，加盖盖严即可。也可在米缸底层铺一层一寸厚的草木灰，用白布盖严，再倒入晾干的大米，密封缸口，置于干燥通风处。

三、蒜头驱虫法

将米缸洗净擦干，取几瓣蒜头剥去皮，用厨刀拍碎。然后用蒜头将缸的内壁擦遍，盖上缸盖闷半小时，倒进大米，再放入几个干大蒜头，这样也能防霉驱虫。

四、海带防霉法

干海带吸湿能力比较强，还有抑制霉菌生长和杀虫的作用。将海带和大米按重量 1∶100 的比例混装，每隔一周，取出海带晒去潮气，便可保持大米干燥不发霉。

五、塑料袋保鲜法

夏天大米容易生霉，可将大米放入洗干净的塑料袋内封严（密封最好），三五斤一袋，放在阴凉处或冰箱底层装水果的盒子内，这样既不会生霉，也能保鲜，操作简便。

用科学的方法储藏新大米，既卫生，又避免了粮食的浪费。同学们动动脑筋，也许还能找到更多的保存新大米的方法。

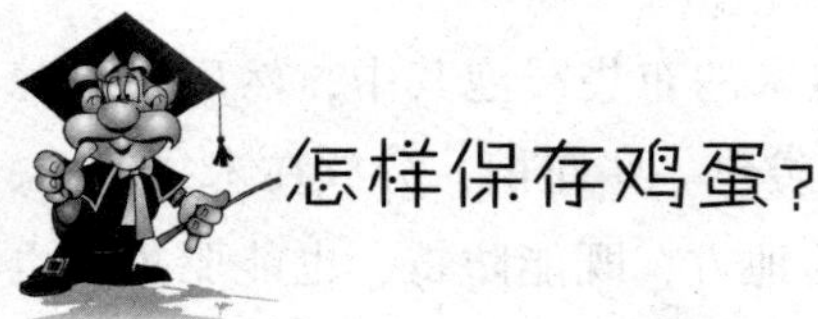

怎样保存鸡蛋？

新鲜的鸡蛋为什么会变质呢？那是因为鲜鸡蛋的外壳上有许多肉眼看不见的小孔，这些小孔与鸡蛋内部相连通。鸡蛋刚生下来时，外表包有一层粘液膜，将这些小孔封闭住，细菌不能进入蛋内，鸡蛋就不会变质。但如将蛋壳外的保护膜洗掉，就会出现相反的情况，鸡蛋也不易保存了。那么如何长时间地保存鸡蛋呢？

首先我们得将鸡蛋外部不干净的部分用干净旧棉布、棉纱或软质纸类擦拭干净，使鸡蛋能较长时间不变质，然后才能选用以下几种方法保存：

一、砻糠、草木灰贮蛋

将新鲜干净的鸡蛋埋在盛有砻糠或草木灰的容器中，先在底部铺一层约 5 厘米厚的糠灰，然后平放一层鸡蛋再铺一层糠灰，依次层叠存放，最上层铺 2 ~ 3 厘米厚的糠灰，加盖即可。

二、粮食贮蛋

先将大麦、小麦或稻子晒干，把它们铺在容器底部，厚约 5 ~ 6 厘米，然后将鲜蛋存放一层，铺一层粮食盖住鸡蛋，再依次铺放，最上层粮食适当加厚些，约铺 5 厘米厚。这样既可较长时间保存，又可防止碰损。

三、石灰水贮蛋

按 100 克生石灰加 2 千克水的比例配制石灰水，先将生石灰投入水中，搅拌溶化后待其澄清，把澄清的石灰水注入坛内，沉淀物弃去不用，然后将鲜蛋放入石灰水中，使石灰水高出蛋面5～10厘米。坛上加盖，此方法可保持鲜蛋4～5个月不坏。

四、涂抹法

在鲜蛋壳上涂一层凡士林或石蜡，可以阻止细菌进入蛋内。将涂好的蛋放在干净容器内，加盖盖好。

五、其他方法

将鲜蛋埋在盐里能保证较长时间不变质。另外把鲜蛋放入化碱的稀溶液里浸一浸立即取出，可防止虫咬和细菌侵入，也能保持2～3个月不坏。

怎样长期保存水果？

水果中含有人体必需的多种维生素和营养成分。长期食用可补充人体维生素的需求，还能促使人体的新陈代谢，加快生长发育，有些水果还含有抵抗疾病的成分。水果是现代保健和美容绝好的食品。但水果季节性很强，怎样保存水果就成了日常生活的难题。

水果种类很多，它们的保存方法也各有不同，应针对其特点区别对待。

众多水果中，荔枝、草莓、葡萄在夏季成熟，不易存放。荔枝肉质甘美，是水果中之上品。在唐朝，杨贵妃爱吃荔枝，让人从岭南用快马一刻不停地传送，就说明这种水果不能长期存放。这一类水果保存得好，也只能七天左右。且一定要降温保存，一般在20℃，若高低超出5℃，荔枝的颜色很快就会由淡红色变成褐色，且果子从枝上一个个掉下，这说明荔枝已经开始变质，就不能再吃了。这三种水果在保存时还要注意通风、干燥，减少碰撞。

苹果、李子这两种水果在每年夏末秋初开始上市，这时的果子还不能保存，到了每年第一次降霜之后，苹果、李子有霜进行天然的“杀菌”后就可以存放了，如果得当，可以存放两三个月，甚至半年以上。首先要选新鲜的果子，新鲜的果子用手指弹击果体，会有清脆的“梆梆”声；其次要仔细检查每一只果子，如果有碰撞的伤痕和病迹，应和好的果子分离开来存放，好的果子用较柔软的白纸把它们一个个包好，轻轻地放在纸箱子里，堆放在低温、干燥、通风的地方，如气温能控制在 10 ℃左右可保存两个月以上。

香蕉生长在温暖的南方，为了能输送到全国各地，蕉农大多在成熟之前一星期左右就把它割下来，存放在冬暖夏凉而且温度适中的地下室里保存，这时的香蕉呈青色，很硬，还不能吃。当要出售时，蕉农就用“一试灵”药剂和水，以 5 千克水放一滴药剂的比例，混合后洒在青香蕉上，用塑料薄膜包起来，48 小时后，香蕉就成了浅黄色的，这时的香蕉味清香，肉质绵甜，就可以吃了。买回家的香蕉一定要在 10 ℃左右的气温下保存。如果温度不适合，可用“方便袋”包起来放入冰箱的冷藏箱里，可保存一星期左右。

桔子和菠萝，保存期要长一些，只要没有伤痕和烂疤，在常温下，就能保存。

保存水果要了解其特点，只要掌握以上方法，就能使水果得以较长时期保存，一年四季都能吃到新鲜的水果，使生活变得甜美、温馨。

装饰修理篇

不会贴墙纸，怎么办？

想要自己动手贴墙纸来装修房间么？不要以为贴墙纸很复杂，其实漂亮的墙纸贴起来很容易，只要你学会下面的方法，你就可以自己动手营造一个美丽的家。

一、贴墙纸前的准备

1. 墙面处理：用刮板和砂纸将墙面杂质、浮土去除，凹洞裂缝用石膏粉补好磨平。如墙面质地松软或有粉层，则应先涂刷一遍墙纸胶液使墙面牢固，墙纸才不会脱落。

2. 剪裁墙纸：先测量墙面高度，再剪裁墙纸长度。有两种情况：不对花墙纸依墙面高度加裁10公分左右长度，作为上下修边用；对花墙纸则需要考虑图案的对称性，故裁剪长度要依实际情况增加，通常会加长10公分以上。

3. 涂刷胶液：将墙纸胶液用毛刷涂刷在裁好的墙纸背面，特别注意四周边缘要涂满胶液，以确保施工品质。涂好的墙纸，涂胶面对折放置5分钟，使胶液完全透入纸底后即可张贴。每次涂刷数张墙纸，并依顺序张贴。

二、贴墙纸的具体步骤

1. 贴时的顺序，应从窗户开始，顺方向一直贴到另一面墙的角落，即屋子的一半，为一个段落。再从窗户的另一边开始，逆方向一直贴到与另一边相接。

2. 两卷壁纸摊开并排时，图案要能相接合无误。

3. 依需要长度，上下各预留 2 ~ 3 厘米后，裁剪下来。

4. 在壁纸背面均匀刷上涂胶，每一处都要沾上胶水，然后根据使用说明，放置数分钟，使涂胶充分渗入壁纸。

5. 拿起壁纸，对齐位置，用滚筒自中央向两边抹平，如有气泡，也要向两边压出。

6. 用美工刀加钢尺，把上下多余的壁纸裁掉。

7. 转过凹角及凸角的壁纸，原则上不应超过两公分，这样才会整齐。

8. 插座的盖罩部分，可用美工刀斜切壁纸为十字或 X 型开口，内折后修齐贴好。

9. 门框和窗框处，应多留出 4 ~ 5 厘米，以能遮盖住墙壁及窗框之间的接缝，并贴在框面上。

水性涂料涂“花”了墙，怎么办？

墙壁上的石灰是带碱性的，水性涂料是酸性的，互相产生中和作用。因此，遇到以下两种情况时，就会发生色彩不一的现象。

1. 壁上石灰涂刷不匀，石灰厚的地方还未干透，碱性重，中和力强，颜色被吸收而发白，石灰薄的地方，墙面基本干燥，中和作用小，色泽不易变化。

2. 墙上干湿不匀，湿的地方中和作用强，颜色浅；反之，干的地方颜色深。

解决水性涂料涂墙发“花”现象的办法有以下两种：

1. 涂前用砂皮砂墙面时一定要砂平，石灰浆厚的地方要多砂，使墙面的颜色基本一致。如发现墙壁较湿，等干后再上水性涂料，这样比较保险。如时间紧迫，在墙壁尚不太干的情况下需上水性涂料时，可先用16% ~20% 的硫酸锌溶液涂刷或喷涂一遍，以中和碱性，然后再上涂料。

2. 涂后发“花”的现象，可采用以下两种办法挽救：(1) 涂料中加入一些粉质材料（如立德粉、滑石粉等）增加遮盖力；(2) 等头道涂料全部干了以后，再涂第二道，使其不发生中和现象。这两种办法，以后一种为好。因前一种办法使粉质增加，会影响牢度。

裁割瓷砖容易碎裂，怎么办？

厨房锅台、墙面，卫生间地面、墙面等铺设瓷砖时，往往不能整块凑好，需要裁割。而自己裁割时，又容易破碎，怎么办呢？这里介绍一种简易保险的裁割方法：

把瓷砖放在水中浸透，取出后将瓷砖底面朝上，放在平整的桌面上，按实际需要的尺寸量好，划一条线，沿线放上一根木尺，用折断的废钢锯条沿木尺边缘用力划 3 ~5 下，然后将划痕与桌子棱边重合，两手各按住划线的两边，悬空的那边手用力向下一掰，瓷砖即可断开。

需要加工曲线或圆形瓷砖时，只要先用木块做成需要的曲线或圆形的样板，将浸透的瓷砖底面朝上，把锯好的样板放在瓷砖上，用断废锯条沿曲线或圆形样板边缘反复划成槽。将不需要的部分，用钳子轻轻掰掉，把毛边磨光即可。若能借到金刚钻头划刀，划法与划玻璃相同，但划割前瓷砖也应先在水中浸透。

漆面老是不干或产生气泡，怎么办？

墙面上涂刷油性油漆老是不干，主要原因有四个：

1. 建筑物未干就上漆，造成长期不干。一般住房建成后，要经过一个夏天才能住人。但现在住房紧张，往往未满保养期即行分配，因此，住户在墙面未干时即涂上油漆，油漆就难以干燥了。

2. 不懂油漆知识，使用了非墙面用的油漆，是造成墙面油漆老是不干的又一重要原因。油漆种类繁多，有人为了省钱，往往油漆种类选择不当，随便乱涂，如果错涂了胺基漆或绝缘漆，那就永远也不会干了。

3. 施工不当，底漆未干就上面漆，也会造成长期不能干透。

4. 油漆本身质地差，干燥性能不好，以致长期不干。

解决墙面油漆老是不干的办法：可用松香水和汽油在墙的漆面上均匀地涂刷一遍，增强挥发力和吸收力，然后再用适当的建筑油漆涂刷一遍，不久即会干燥。

墙面漆膜产生气泡，也是因墙面未干就油漆，使水气冲出而造成的。处理方法：先用铲刀轻轻地把气泡铲掉，用腻子将铲泡处填补平整，干后再用细砂皮打磨，然后再刷上同类型油漆即可。如果大面积产生气泡，造成漆膜剥离，那就需要起底重做了。

墙纸易发生褶皱和拼接处粘不牢，怎么办？

目前，室内墙面装饰的常用办法是涂刷“106”涂料。但是，随着生活水平的提高，越来越多的人开始采用更为富丽堂皇的墙贴装饰法。目前市场上供应的墙贴品种主要有塑料墙纸、涂塑墙纸、无纺墙布和玻璃纤维涂塑墙布等。

在粘贴塑料墙纸时，常常会遇到粘贴后墙纸发生褶皱以及两张墙纸交接处粘不牢的情况。怎样才能克服这两个毛病呢？

由于塑料墙纸的底层是纸质材料，遇水会发生膨胀，所以在粘贴施工时，除了墙面必须处理妥帖以外，先要在墙纸背面用排笔饱蘸清水涂刷一遍，使纸质湿润（但上水不能过多，以纸面不闪出水光为度），再贴上墙面。这样，墙纸在粘贴时是处于胀开状态，待胶水干了以后，纸质均匀收缩，墙纸就十分平整挺括地粘贴在墙上了。如果墙纸未吃足水就上墙，遇到胶水就会产生不均匀的膨胀，造成许多褶皱，而且无法弥补，严重影响美观。

墙纸粘贴时，交接处之所以粘不牢，是因为一般的胶水只能解决纸质与墙面之间的粘结问题，而交接处是前一幅墙纸的塑料表面与后一幅墙纸的纸质背面的粘合，一般的胶水无法将这两种表面粘在一起。解决的办法是：当第二幅墙纸按照拼接要求上墙以后，在两幅墙纸拼接处重叠部分的中间，用锋利的刀片顺着长钢皮尺从上到下划一刀，然后撕掉两幅墙纸上裁下的边条，用干净抹布将交接处的墙纸塑面揩擦干净，再用照相上光用的压辊在交接处用力滚压几次，使两幅墙纸的缝边都平服地粘贴在墙上。这样处理以后，拼接处的墙纸全部是以纸质背面与墙面粘结，所以十分牢固。

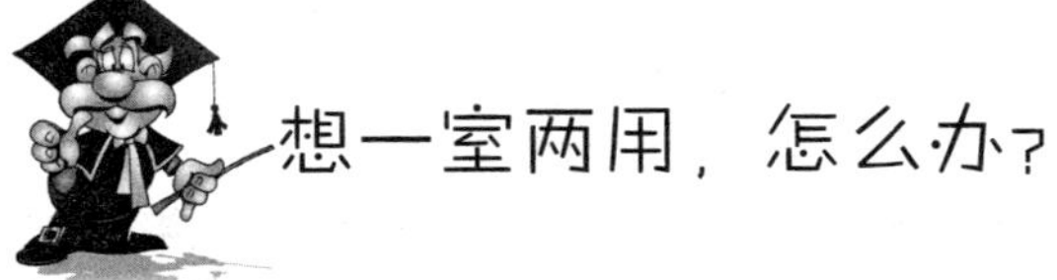

想一室两用，怎么办？

家庭的居住房间，有时为了特殊的需要，必须进行隔断处理。如孩子大了，需与大人分开居住；或是一间房间既是卧室，又是会客室；或一边是起居室，另一边是就餐室，需加以区划，等等。房间隔断不一定用墙面，常可采用屏风式、柜架式、遮布竹帘式、推拉门隔断式等方法。

一、屏风式隔断

此方法具有灵活多样、使用方便、制作简单等特点，尺寸规格应根据房间隔断的实际需要决定，可将屏风做成立体的搁板架，前后交叉放置，既起分隔空间的作用，又可增加使用面积；即能直放，又能转弯陈设。在屏风式隔断的基础上，增设小搁板，可满足多方面的要求。如加个衣架，能挂衣物；各层搁板上可放置书籍、器皿等物品。

自行设计制作支架式屏风，可选用竹、木或金属作支架，选用布料、纸板、木板、竹片拼板或塑料布等做屏面，屏面的美化应根据爱好与可能，可字画、或雕刻绣品，使其发挥装饰作用。色彩应注意季节变化，夏季以冷色为宜，冬季以暖色为宜，还要注意与整个房间布置和谐统一。

二、柜架式隔断

一般都用组合多用柜来分隔，组合多用柜能根据需要来组合。柜内可存放衣服、家用电器，柜上可放置装饰品，有的柜还配有简易翻门写字台，适应于孩子读书写字。若用矮柜，沙发等家具作分隔物，其后可采用遮布、竹帘等将房间空间区划开来。

房间内色彩混杂，怎么办？

房间色调的处理要以家具为中心，使墙壁、地面、门窗的色彩与之协调，并以此形成室内色彩的基调。在此基础上，合理而艺术地配以色泽和谐的床单和床罩、沙发套或沙发巾、窗帘以及观赏品加以点缀。构成色调和谐、美观的房间。处理色调时，可先在纸上作色调配搭的小样，以观察其效果。房间里色彩选用不当，破坏了协调，就会颜色混杂，使人厌烦。

各种色彩给人的感觉不同，产生的心理效果也不同。绿、蓝、紫等色，使人感觉安静、舒适、清新和凉爽，故称为冷色；红、橙、黄等色，给人以热烈、兴奋、欢畅和温暖的感觉，故称为暖色。冷色有放宽、放远感，也称远色；暖色有缩小、接近感，也称近色。色彩要素中的饱和度特性，可使人产生轻重的视觉效果。饱和度高，即深色，有重感；饱和度低，即浅色，有轻感。一般色彩光度弱的为虚色，浅色为亮色，光度强的为实色，深色为暗色；介于明暗（深浅）之间的为中间（性）色，房间常用这种色调。

色彩不仅使人产生冷暖、轻重、远近、明暗感，而且还会引起人们的联想。柠檬黄色和嫩绿色，显得温柔、明快、恬静而富有朝气；杏黄色和橘黄色能给人以庄严、兴奋、高贵之感；大红色的朱红色象征热情、喜庆和光明；紫色和玫瑰色则具有幽婉、华贵之情；青色给人以深远、沉重之感；蓝色使你觉得平静、安逸；白色使你觉得纯洁、朴素；黑色却有庄重、肃穆的感觉。

一般房间色彩应以宁静悦目的中性浅色作为基调，它能使室内气氛明朗舒展，有利于衬托家具，又能取得色调在统一协调中富有变化的艺术效果。中、老年或体弱者的房间，宜选用暖色；青年人的房间，宜用冷色；新房色彩可适当鲜明艳丽，以增加喜庆气氛；人口少的家庭宜用暖色，人口多的家庭宜用冷色。

家具颜色目前采用较多的是红栗色或浅木本色、红栗色家具显得端庄、贵重、大方；浅木本色家具醒目、清新、幽雅，富有青春活力。房间色彩布置以家具为中心，墙面一般不宜选用鲜艳的色彩，而宜采用淡雅之色，如苹果绿、粉绿、湖蓝等色。若选用黄灰色或浅灰色，可增加房间的“纵深”感。阳光充足的房间宜选用中性偏冷的色彩，如绿灰色、湖绿色、浅蓝灰色、绿偏黄色等；光线较暗的房间宜选用偏暖色，如奶黄、米黄、浅紫罗兰色、浅褐等色，以增加房间亮度。地面色彩宜与家具协调而又不太接近，以免影响家具的立体感的线条感。家具是红栗色的，地面宜用黄棕色；家具是浅木本色的，地面以红棕色为佳。

窗帘、门帘、床罩、沙发罩、台布、画镜线、窗帘盒等色彩的选配也应考虑到室内的基本色调，一般以温暖、柔和、恬静的中性色为宜，以求得整个色调的和谐统一。

想有一个良好的庭院环境，怎么办？

住宅的庭院是供人们休息、观赏和室外活动的场所。庭院布置包括种花植树，设置圆凳，设计铺地、花坛等，有条件时还可建造水池、假山等设施。庭院布置应与自然环境有机结合，使室内外空间相互渗透，富于变化。

花坛中的花木选择，应考虑开花时节、花色、花形以及枝叶生长姿态，还要考虑到土质、阳光与周围环境。砌筑花坛的材料可因地制宜，选用砖瓦、竹柳、块石等，平面造型可分有规则的几何图形与自然形式两种。庭院的铺地、筑路应美观、坚固。铺筑时，可结合材料本身的色彩和不同质感，组合成各种富于艺术情趣的图案。如用青砖、红砖组成席纹、横纹或相间布置；利用石子和铺地砖组成不同颜色和不同质感的图案，以及利用石子、瓦片组成各种几何形的图案。

庭院内的圆凳除了可供休息之外，还可分隔、丰富空间。圆凳的形式很多，可根据需要选择，如鼓形凳具有古色古香的特点；树墩带有田园风味；天然石块具有现代风格，都可以增加庭院的生活气息。

有条件的庭院在建造水池假山时，可借鉴经典园林的布置方法，运用以隔为深，以曲求变和动中求静的处理手法，可使庭院环境更为幽雅舒适。院内假山可采用现成的石块，也可用水泥砂浆和碎石砌塑。在庭院的围墙外布置几个什锦窗或漏窗，可以使室内外空间相互交流、互相渗透，使环境变得活泼自然，富于变化。漏窗和什锦窗的类型很多，可采用瓦、砖、玻璃等材料。

庭院布置若与自然环境有机结合，可以将景观延伸到室内，使室内外空间浑然一体，增加生活乐趣。

混凝土屋面漏水，怎么办？

目前城乡建房大多用水泥预制板盖屋顶，美观大方，施工方便。但往往由于施工和水泥质量不好等原因，使用时间一久就会发生屋面漏水。漏水后该怎么办？可到化工建材商店购买聚氯乙烯胶泥或沥青嵌缝油膏自行修补。

一、用聚氯乙烯胶泥补漏

聚氯乙烯胶泥是以煤焦油为基料，加入适量的聚氯乙烯树脂和增塑剂、稳定剂、填充剂混合加热塑化而成的胶泥。这种胶泥具有良好的防水性和弹塑性，在 80 ℃以下可保持原形不流淌；在较低温度，如零下 20 ℃时不硬化，仍保持延伸性。修补时，先要将屋面漏水处凿开一条缝，并把缝内清除干净，保持干燥。接着将胶泥用铁锅温火加热到130 ℃～140 ℃，边升温边搅拌。塑化后的胶泥应立即浇灌，浇灌时的温度不低于 110 ℃。浇灌的胶泥要高于漏水缝，使其成凸圆形。冷却后即形成弹塑性防水胶泥，粘结于屋面漏水处，浇灌好后在胶泥上面铺设油毛毡或玻璃纤维布，然后用水泥固封覆盖即成。

二、沥青嵌缝油膏补漏

沥青嵌缝油膏是以石油沥青为基料，再用分散剂、填料，经机械搅拌而成。它具有优良的防水、防潮和防震性能，能填嵌屋面缝隙以及石棉瓦、金属屋面等渗水部分。施工时不需加温就可使用。使用时将裂缝表面凿成“V”字型，清洗干净并保持干燥。然后用汽油加油膏调成浆料，刷入裂缝，再将油膏嵌入裂缝内，做成凸面形状。最后在其上面铺设油毛毡或玻璃纤维布，水泥固封覆盖即成。

水泥地面有了问题，怎么办？

一、水泥地面易起灰砂

目前新建的住宅地面，绝大部分是水泥结构，易起灰起砂，怎样防止出现这种情况呢？常用的方法有三种，即107胶水泥浆刮涂、涂刷地板漆和铺设塑料地板。

1. 107胶水泥浆刮涂法。它是将107胶与水泥、颜料调成浆料，在水泥地面上涂刮上一层水泥胶体而防止起灰起砂的。具体步骤：（1）清理地面：去掉地面上的残砂污垢，不平处用1∶2.5水泥砂浆补平，拖洗干净风干；（2）配制刮浆：用水泥1份、107胶0.3～0.35份，氧化铁红（或其他颜料）0.07份，水0.4～0.5份，充分拌和；（3）刮涂：刮前先用107胶1份与水3份的混合液在地面上刷一遍，接着将拌和均匀的浆料用粉刷铁板沿地面用力刮压，第一次干后刮第二次，一般刮3～5次，总厚度不少于3毫米；（4）保养：在地面刮后要保养2～3天，每天早上用喷水壶洒水以保持潮湿；（5）用砂纸打磨一下，再罩清漆和上蜡。

2. 涂刷地板漆。市场上供应的地板漆有两种。一种是水泥地板漆，由白胶、颜料、填料研磨而成。一种是酚醛地板漆，以酚醛树脂为基料而制成。前者可直接涂刷在地面上，后者因漆中含有酸性物质，会与地面中的碱起作用，涂刷前要用大白血料腻子填嵌。水泥地板漆涂刷时，先将地面冲洗干净，接着用白胶1份，水3～4份混合，逐加水泥至稠状液，涂刷1遍，然后用排笔蘸取地板漆依次涂刷，24小时后再刷1次，最后用等份的白胶和水混合液罩面1次，上蜡即成。用酚醛地板漆涂刷时，先清洗地面，然后用1∶1的熟猪血与水混合液刷1遍，再批嵌血料腻子（石膏粉∶生猪血∶熟桐油∶颜料＝1∶0.25∶0.05∶0.05），干后打磨，涂刷地板漆，最后打蜡。

3. 铺设塑料地板。塑料地板是一种以聚氯乙烯为基材的新颖板材。

有 350 毫米 ×350 毫米或 330×330 毫米等规格。用它铺设地面美观大方，施工简单，耐磨耐潮。铺设时，先将地面拖洗干净，凹凸处铲平或填补平正，然后从房间中心向四周铺设，每块塑料板下面和边缝可以涂点胶水使之与地面更紧密，也可以不涂刷，只排齐凑准，以便更换图案花纹。

二、水泥地面易返潮

底层住房的水泥地面，一遇梅雨季节或潮湿天气，表面就会返潮出水，使室内霉菌滋生，衣物霉变，怎样防止水泥地面返潮呢？

水泥地面返潮，主要有两个原因：一是房屋地基较低，而周围地下水位较高，做地面时又未能消除地下毛细管孔，地下水就沿毛细管上升到表面。二是由于大气中湿度较大，室内空气潮湿，这种潮湿空气一接触到温度较低的水泥地面，水分便会在地面上聚成水珠。所以，为防止地面返潮必须防止地下水上升和湿空气凝结。

为了消除地下毛细管道，浇地面时，垫层最好选用粒度为 26～40 毫米的炉渣，填铺 10～12 厘米厚的一层。压实后，再在上面铺上水泥砂浆，然后用平板振动器将它振下去，使炉渣等颗粒相互粘结。这样既保证垫层具有良好的强度和稳定性，又在其结构中留有较多孔隙，以隔断地下水的毛细管渗透，提高水泥地面的干燥程度。如果在垫层中加上沥青等防水层，效果就更好。若地基较低，应加厚垫层，使室内地面高于室外地面 30 厘米。涂抹地面表层的水泥砂浆要以 1∶2.5 的水泥与水的比例为好，水泥过多，地面干缩较大，吸湿性差，空气中湿度较大时，地面易凝聚水珠。

对于已使用而返潮严重的地面，可按上述方法补救。另外也可将地面刨出麻坑，然后铺上沥青，再铺上一层水泥，或先铺一层油毛毡，再铺水泥均有较好的效果。

为了防止水泥地面返潮，一般来说，底层的枣泥地面不宜涂刷地板漆，否则会因漆后地坪十分光滑，潮湿空气更加容易凝聚。为了保证室内干燥，可在房间四角放上几盆生石灰，用以吸潮。

三、水泥地面上的油漆咬色

水泥地面上涂刷的油漆层常常会咬色、失光和剥落，这主要是由于油漆层被水泥砂浆中的碱侵蚀所致，水泥的 pH 为 8～14，呈强碱性，而油漆中大都含有酸性物质。涂刷后，这些酸性物质与碱会发生中和作用，从而使漆膜出现粉化、失光和脱落等现象。为了防止这种现象的发生，在涂刷油漆前必须对水泥地面作适当处理。

1. 除碱。水泥地面上的碱性物质，在初期析出量最大。夏季抹面后半月时间，能析出水泥全部含碱量的 50%。因此新做的水泥地面不必急于涂刷，否则效果极差。一般应在半年后施工较好。如要在较短时间内涂刷。可采用中和法或用清水一干一湿除去析出的碱。中和法是用 15%～20% 浓度的硫酸锌或氯化锌，或 10%～20% 的稀盐酸溶液，在水泥表面上涂一遍，以中和碱性物质，半小时后再用清水冲净。一干一湿清水冲洗是利用水泥地面中的碱受潮会逐渐从里层向外析出，受潮沾水的次数越多，析碱过程进行得越快。因此，只要循环反复，如夏季每2～3 天 1 次，1～2 个月后即可除去大部分的碱。

2. 填嵌血料腻子。刮嵌腻子可使油漆层与水泥地面粘接牢固，并使基层表面光滑，腻子还可把油漆层与地面隔离开来，使地面残剩的碱质再外析时不会直接触及油漆层。因此，在地面除碱干燥后，可以满刮两遍大白血料腻子。如用乳胶和滑石粉调成腻子填嵌则效果更好。水泥地面经上述两法处理后，再涂刷油漆，一般就不会咬色、失光和剥落了。

四、水泥台面、墙面易积垢

目前单元楼的卫生间、厨房间有些是水泥抹面，极易积累油迹污垢，而且很难除去怎么办呢？办法是在搬进新房子前，在厨房的灶台、墙面，卫生间的墙面、地面铺设瓷砖、马赛克或做成磨石子表面。这样既有美化住室的作用，又便于搞好卫生。

1. 瓷砖贴面：多用于墙面、灶台面。一般贴成墙裙，高度为1.2～1.4 米。瓷砖排列有直缝式、骑马缝式和直缝与骑马缝相结合等多种形式。骑马缝式需适当选购些半砖。

施工方法是清除掉原墙面上的灰尘以后，洒水湿润，用1∶3水泥砂浆粉刮两遍（水泥1份，黄沙3份），厚度15～20毫米，刮平整后，再用铁皮将其表面划毛。要求阴阳角、墙角垂直，四角方正，并在需铺贴瓷砖的部位沿基线画出垂直线和水平线，作为铺贴标记，以防歪斜。瓷砖在铺贴前应浸入水中1～2小时，取出晾干后才可使用，以增加贴结力。铺贴瓷砖时应自下而上逐批进行，若已划毛的墙面干燥了，应洒些水。第一批瓷砖直接坐在木条上，铺嵌时瓷砖背面刮一层水泥纸筋浆（水泥2份，纸筋石灰1份），用力压贴于墙面，并用铲刀柄敲击瓷砖，使之紧密结合。瓷砖边挤出的灰浆应及时刮除，并需随时检查瓷砖铺贴是否平整，铺贴二、三批时，应注意使纵横缝平直对齐，左右对称，缝隙宽度以1.0～1.5毫米为宜，过大不雅观，过小难粘牢。瓷砖铺好后，应将表面的灰浆揩净。未干燥前不要用手去撳动瓷砖，以免影响牢度。

2. 马赛克铺贴：马赛克是瓷砖新品种，它是预先粘贴在一张牛皮纸上，成张出售的。有些人不了解哪是底，哪是面，以为是一块块撕下来铺贴的。其实，它是整张铺贴的，有纸的一面为正面，看得见瓷面的为底面。铺贴时，用水泥、黄沙、纸筋石灰调和做胶接物，瓷面朝下与胶接物固定，然后用温水将牛皮纸润湿后撕下，露出马赛克的正面，并拿薄钢片将马赛克铺排整齐。马赛克品种较多，有正方形、六角形、拼花形、嵌花形等，一般常用于浴缸底部、卫生间地面等，它有耐磨、耐酸、美观、坚固等优点。

旧墙面、旧的油漆地面有问题，怎么办？

一、旧墙面刷新

旧墙面上的涂层由于受到碱分的作用以及日光的照射，会逐渐褪色，如果墙面本身有水分，则会使涂膜鼓起，或脱皮剥落。此外，由于烟熏会使墙面变黄发黑；由于漏水会在墙面上形成水迹。这些现象都会影响室内的美观，因此旧的墙面到了一定的时候就要重新粉刷一下，其方法如下：

1. 旧墙面的基层处理。看上去比较干净的墙面，只需用刷子、铲刀将灰尘、污垢以及翘起的涂层铲刮干净；被烟熏黑的墙面，应先将油垢除去并刷一道石灰水或血料水；墙面上的水迹应先用白漆涂刷一遍。

2. 填补腻子。墙面上的裂缝凹陷处应用 107 胶腻子或乳胶漆腻子嵌补填平，裂缝较大时应剔深 3 毫米左右再填腻子。待干后用砂纸砂磨平滑。

3. 刷 106 涂料或乳胶漆。涂刷涂料最好用羊毛排笔，也可用较宽的漆刷。一般情况下用 106 涂料（或乳胶漆）刷两遍即可，如感需要也可刷三遍。第一遍涂料刷完后，经过 2 小时干燥，即可刷第二遍。涂料（或乳胶漆）干燥快，大面积涂刷时应多人配合，流水作业，互相衔接，一气呵成。涂刷时如感涂料（或乳胶漆）太稠厚，可适当加水，但不宜过多。涂料的使用量大约为每 10 平方米 3 千克（按涂刷两遍计算）。

二、旧的油漆地面磨损、褪色

旧的油漆地面一般分为水泥油漆地面，水泥涂料地面和木质油漆地板。地面使用日久，涂层磨损褪色，可视磨损的程度而采用不同的施工方法。

旧的水泥油漆地面磨损较大时，一般需要全部重漆。这时应先认真地对旧漆地面进行清理，有油渍或打过蜡的应用汽油或松香水擦洗。污秽过多时必须用苛性钠溶液擦洗，如果原来的老漆剥落比较严重。应用铲刀将不牢的旧漆皮全部铲掉，总之要将地面全部清理干净以后才能刮腻子上漆。

107 胶水泥涂层地面使用日久，也要磨损而露出白底或者出现龟裂现象。这时可进行局部清理，将不牢的部分及龟裂的涂层铲刮干净，然后用铁砂皮砂磨平滑。再用 107 胶加水泥和颜料（配比为 107 胶: 水泥: 颜料 = 1: 2: 0. 2），在损坏处进行嵌补待其干燥后用砂纸打平，清除灰尘，刷上一层带色的氯偏涂料，待干燥后再用氯偏清液罩面。

地板油漆磨损后，需全部重漆，应先将地板上的污秽、油渍清理干净，用砂纸顺木纹打磨并用潮布揩擦一遍，然后刷一度化稀的桐油和清漆。清漆干燥后用石膏腻子将木面的拼缝、疤节、凹陷处填平打光，再漆铁红地板漆两度。如果是浅色的或本色的地板，那就不用铁红地板漆，而用清漆罩面。

电视机有问题，怎么办？

一、电视图像出现叠影

电视图像的所谓叠影，就是指在正常图像一侧出现一个或几个重复的轮廓影，也称为重影。这种重影和电视机因频率特性不佳所产生的“镶边”和“拖尾”现象有所不同。产生重影的原因，主要是由于电视机除收到电视发射台的直射波以外，还同时收到因高大建筑物或附近高山所产生的反射波，因而电视屏幕上出现了重影。

解决的方法是细心调整频率微调钮，增高天线或细心地调节天线的方向。如重影现象仍无变化，再试试改变电视机的安放位置。因为安放的位置不同，直射波和反射波的强弱可能有所不同。如反复耐心调整方向、位置后重影始终消除不了，则应考虑电视机本身可能有故障。这可采用比较法来确定，即借一台性能良好的电视机，放在原位置上收看，观察是否有重影，如借来的机子没有重影，则说明原机子本身有故障，应送修理部门检修。如借来的机子也有重影，改变天线的方位也同样解决不了，则可考虑安装方向性较强的室外天线（如三单元、五单元室外天线），以减少反射波的影响。

若上述方法仍无法消除重影，则说明所处环境的反射波实在太强，这时可试用螺旋形室外天线，情况或许会有所改善。否则，重影是难以消除的。

如果原来收看一直正常的电视机，安放位置未变动过，周围环境也没新建高大建筑物，突然出现严重的重影现象，经调整天线方位也无效的话，一般属电视机本身故障，应由修理部门检修。

二、电视机屏幕中心出现亮点

这种现象往往在早期生产的电视机中出现，目前生产的电视机均装有消亮点电路，出现这种情况的可能性很小，除非是消亮点电路出了故障。关机亮点的出现残留时间约达一分多钟，其原因是由于关机后显像管的电子枪阴极本身具有热惰性，关机瞬间仍发射电子，又由于高压滤波电容的电荷不会立即消失，显像管内瞬间还存在高压电场，热惰性电子束继续轰击荧光屏，在偏转磁场不存在的情况下便形成一个亮点。关机亮点会使显像管中心的荧光粉涂层加速老化，使电视机屏幕中心出现黑斑，既影响图像，又不利于显像管寿命。

排除方法除加装消亮点电路或检修该电路故障外，还可采用下面的关机方法来消除关机亮点。

1. 早期生产的电视机，机内未加消亮点电路。可在关机前将亮度旋钮开至最大，并迅速关掉电源开关，就可能消除亮点。这样做的目的是使关机瞬间的大量热惰性电子与像管内的石墨内导电层电荷迅速中和。而使残存的高压电场很快消失，从而避免了亮点的出现。

2. 养成先关电源开关，再拔电源插头的习惯。因为有些电视机的消亮点电路是利用电源开关上的一组接点的，若用拔电源插头来关电视机，则消亮点电路的电源开关上的那组接点没有断开，因此等于消亮点电路不起作用。

3. 有些进口电视机，如日产三菱 BB1207CD 型（12 英寸）、BB1407CD、U 型（14 英寸），也存在关机亮点的缺陷，可请专业维修部门更换元器件或检修。

电视机拉杆天线上带电，怎么办?

电视机拉杆天线带电，调整拉杆天线时就会有轻微的麻电感觉。这类电视机一般都在电源变压器输入端加了电网电压滤波电容器，两个电容器的中间抽头接电视机底座，天线的输入线圈也接底座，这样天线和电容器通过底座（接地）就串联在一起。

当电源开关关断时，如开关控制的是地线，则人体接触到天线，人体就和滤波电容器形成了通电回路，此时人体就会带电。当电源接通时，不论开关控制的是电源火线或是地线，都会使人体和滤波电容器通过电源火线形成通电回路。不过这种电压一般较低，只会使人有一些麻电的感觉，但不致于发生生命危险。

对于这种天线上带电的电视机，应注意让电视机的电源开关能控制交流电网的火线，最好用试电笔测试后，在电源插座的火线孔与电视机电源插头所通的电源开关接线上做个记号，这样可避免日后因电源插头插反而产生麻电的情况。

另外，有些电视机的电源变压器初级端并没有两个滤波电容器接地，由于某个元器件漏电，也会使天线带电，手触天线产生麻电的感觉。此时可将电源插头拔出后翻个身一试，也许能使天线带电的毛病有所改善。如果电容器漏电，也有可能电源插头翻个身仍不会解决麻电现象，这就要检查、更换电容器了。

电冰箱不结冰霜，怎么办?

机器能正常运转，电冰箱冷冻室却不冷，这属于制冷系统的故障，用户自己无法解决，应由厂方修理。这里仅介绍一些发生故障的原因和某些预防措施，以利于日常的使用保养。

一、氟里昂制冷剂严重泄漏

泄漏的部位大多是管路焊接处。比如：高低压管焊接头，蒸发器与毛细管焊接头，过滤器两端焊接头等；还有压缩机接线柱、座的焊接处，压缩机封壳周围焊接缝等。

当制冷剂泄漏时，可查看焊接处周围有否油迹。一般说，有油迹的地方就是氟里昂泄漏的地方。有人担心氟里昂制冷剂泄漏后对人体有毒害，其实氟里昂在一般情况下是无毒、无臭、无味的，只是在温度达400 ℃以上并与明火接触时，才分解出有毒气体。

发现箱内不冷、制冷剂泄漏时，为避免空气进入管路内，应立即停止使用。尤其搬运电冰箱时要谨防碰撞管路，化霜时切忌用金属工具铲刮冰霜层，以防管路破损造成制冷剂泄漏。

二、制冷系统管路堵塞

一般可分为脏堵和冻堵两种。脏堵时箱内不冷，但毛细管或干燥过滤器处有冰霜或“出汗”现象。冻堵时蒸发器结霜后又融化。不论哪种堵塞，蒸发器附近都听不到气流声和液体流动声；手摸冷凝器也不热。冻堵时可用揩布裹住毛细管与蒸发器结合处浇热水解冻，待听见毛细管内有气流声后，可开机将冻结的水分抽回压缩机。如不能排除堵塞故障，必须请专业单位修理。

电冰箱使用时耗电量大，怎么办？

电冰箱使用中是否省电是用户最关心的问题之一，而省电与合理正确的放置、使用、保养都有着密切的联系。

1. 电冰箱应选择通风、阴凉、干燥、清洁并少振动的室内放置。避免靠近热源和太阳直晒的地方。箱后（或两侧）冷凝器应离墙 10 厘米以上，箱底四脚可垫高 5 ~ 10 厘米，以利于空气对流。

2. 合理调整温度控制器，这与节电关系甚大，用户可根据寒暑春秋四季的变更和存放食品的不同，合理调整箱温，例如夏季环境温度高，一般箱内温度可适当调高一些，若以贮放清凉饮料和瓜果为主时，箱内温度可选取 8 ℃，这样比箱温调控 5 ℃时节电 30% 左右。同时也不影响短期保存食品。

3. 热食品应该冷却到室内温度后才能贮入箱内；贮存的食物不宜过挤，食物间与箱壁间应留出一定空隙，以利于箱内冷气对流。夏季制作冰块或量多的清凉饮料时，最好晚间贮入箱内。因晚间气温较低，制冷效果比白天好，同时开启箱门机会相对减少，这样可减少箱内冷气损失，提高制冷效率。

4. 尽量减少开门次数，并缩短开门时间，以利于保持箱内温度。试验证明，每开一次箱门，以 0. 5 ~ 1 分钟计算，就会使压缩机多运转 5 分钟左右。为减少开门次数，应尽量有计划地集中存取食品。

5. 为减少结霜，贮入箱内的湿态食品应加盖或封装在塑料袋内。实验表明，蒸发器霜层厚度为 10 毫米时，冰箱制冷量将降低 30% 左右。因此，当霜层厚度大于 4 毫米时就应及时化霜。

6. 改进有霜冰箱的化霜方法。首先将电源插头拔掉，取出箱内食品集中堆放保温，然后在冷冻室内放入约 80 ℃的热水盆，关闭小门，开启大门，以利于加速化霜。约 8 分钟取出热水盆，随即清除霜水，用布擦拭干净，关门通电后可继续使用。这样既节电，又做了清洁工作。

7. 箱体外壳和内壁之间穿过的电线及低压管孔，可用橡皮泥堵塞其缝隙，以减少因箱外热空气渗透而增加压缩机运转的时间。

8. 有的用户为了节约用电，在不需要冷藏食品时拔掉电源插头，待需要冷冻食物时再接通电源。这方法表面上看虽然省些电，但实际上每次接通电源都要增加制冷运行时间，同时对贮藏的食品保存并不省电。

旧家具重新刷漆，怎么办？

旧家具重新油漆时，必须把原先已经斑驳龟裂、失光褪色的旧漆彻底去掉，否则新漆涂上去后就易卷皮、龟裂和剥落。一般可用下列方法除去：

1. 用丙酮 3 份，汽油 3 份，乙酸乙酯 3 份，酒精 1 份（体积比）配成混合液，用刷子蘸取涂于旧漆处，5 分钟后漆膜即可软化，这时用刀轻轻一刮就可除去旧漆膜。如 1 次不行，可反复 2～3 次即可除去。

2. 用苯 4 份，酒精 3 份，丙酮 1 份配成混合液，按上法进行。

3. 没有上述有机溶剂时，可用烧碱加生石灰配成高浓度水溶液代替脱漆剂涂刷。漆膜脱掉后先用清水洗涤几次，待干后即可上漆。

4. 用电吹风或电熨斗在漆面上吹风或熨烫，使漆面发软后铲去。特别是以聚氨酯漆涂刷的家具，用此法效果最好。

5. 用一袋洗照片用的显影粉，按说明配成液体后，再加适量的水，涂在家具上，旧漆会很快软化，用布擦净后再用清水冲洗即可。

钢铁家具上的旧漆，可用烧碱除漆液除去。方法是：在 100 毫升清水中，加入 25～30 克烧碱，待烧碱全部溶解后，再加入 3～4 克淀粉，加热让淀粉全部溶解，即制得粘厚的除漆液，把此溶液涂刷在旧漆膜上，5～10 分钟后，漆膜被腐蚀，漆层即软化，可用刀轻轻刮除，最后用热水洗净木器表面残留的碱液，即可上漆。

旧家具重新油漆后，有时漆面会拱起一条条皱纹，不但影响美观，而且影响牢度。旧家具重漆，漆面起皱纹的原因一般是：

1. 上漆前没有把原来的旧漆完全脱尽，新漆涂得又太厚，或涂刷时厚薄不均匀，这样易产生凹凸不平的油漆皱纹。

2. 漆者经验不足，第一道漆上去后，油漆未完全干燥，即涂上第二道漆，这使前后两道漆互相渗透、互相溶解。漆时产生一种引力，把第一道漆较干的部分吸起，因而产生皱纹。

3. 前后两道漆品种不同，也会出现皱纹。如头道漆是酚醛漆，二道漆却用聚氨酯漆，就会被胶起成皱纹状。

4. 家具上有木节，木节中有油溢出，漆上去以后，也会出现皱纹。

因此，旧家具重新油漆时应注意四点：一是要把原来的旧漆膜全部处理干净；二是上第一道漆后，一定要等其完全干燥后再上第二道漆；三是切记不要前后使用不同品种的油漆；四是有木节处，先要用汽油、酒精等擦过，把里面的油擦掉。这样，才能防止漆面产生皱纹。如果新漆已经涂上，漆面起了少量皱纹，补救办法是迅速用铲刀把皱纹铲掉，等其干透后，用细砂纸打磨平整再上漆；如果是大面积起皱，只好全部刮掉重漆。

木质家具有问题，怎么办？

一、木质家具发生虫蛀

木质家具常会发现被小蠹虫、白蚁等咬食，蛀成虫孔，木粉从虫孔溢出。真菌孢子也会乘机而入，腐蚀木材，影响家具的外观与使用寿命。木器家具容易发生虫蛀，怎么办呢？其预防和处理方法如下：

1. 选用干木。购买木材时要挑选干燥、无变质的木材。若买回的木材含水分高，应立即按家具规格锯成板料和档料，叠放在通风、干燥处吹晾，切勿放在太阳下曝晒，以防燥裂变形。晾干的木材，虫卵不易寄生繁殖，做成的家具就不易发生虫蛀。

2. 油漆防蛀。家具做成后，最好在一个月内油漆，涂上油漆可提高木材的防腐和防燥裂能力，同时还可隔绝蛀虫深入木材内部。

3. 药剂防治。木材未做家具前发生虫蛀，可用硼酸、硼砂各1份，加30份水充分溶解后，涂刷干燥木材，反复多次，让药液渗入木材内部，晾干后再做家具。若家具发生虫蛀，可用煤油配制成2%～5%的敌敌畏药液，或用5份滴滴涕，1份敌敌畏加94份煤油混合，涂刷三四遍，若虫眼较大，需用脱脂棉蘸药堵塞，塞得越深越好，反复几次，便可消灭蛀虫。

4. 注意保管。家具使用时，应置于干燥、通风处。平时保持清洁，不要随便堆放易腐臭的杂物。柜橱、抽屉和箱子内，可放些樟脑丸，也有一定的防虫蛀效果。

二、木质家具榫头松脱

做木质家具，一般都要求木料完全干燥后再制作。有的木料要在干燥处放上几年；锯开的板材或方料也要搁在干燥处较长时间（至少过一个夏天）才能使用。这样，制作时容易加工，做好的家具不易变形，榫头也不会松脱。一般来说，木质家具使用久后，榫头松脱的主要原因，是原先的木料没有干燥。当然，也可能是初学者划榫头、榫眼尺寸时有误，使日后榫头松脱。那么，榫头松脱怎么办呢？可以采取以下几种补救措施：

1. 为了使家具不添“疤痕”，可以将榫头打出，在榫头四周用白胶粘贴刨花（刨花厚薄可根据松脱间隙的大小而定），待干燥后再在刨花外面涂上白胶，重新打入榫眼内。打榫头时，要在木质上垫一层布料，这样才不会使家具“受伤”或漆皮脱落。如果做好的家具榫头不能打出（否则要破坏家具），松脱的间隙也不大，可以用刨花沾上白胶从缝隙处嵌入，待干燥后再削平。

2. 一般的家具，如饭桌、方凳、靠背椅、床脚等，可以采用横向钻孔，打入竹制或木制的销子来固定榫头，也可以将榫头和榫眼一起，用铁皮包住（更粗糙的家具可以用木片夹住），然后用小铁钉钉牢，同样可以使榫头不松脱。

3. 另一种更为简便而又不伤外观的方法是，在松脱的榫头端面用凿子凿一条裂缝，再用木片削一个扁锥形的楔子，涂点白胶后，从榫头的裂缝中用力打入，然后将露出部分锯掉锉平。这种方法既紧密又美观。如果用久了又松脱的话，可以用同样的方法再打入一个楔子就行了。

现在有不少家具，榫眼是不凿通的，榫头的端面不露在外面。这种榫头松脱后的补救方法是：如松脱严重，应更换新的方料，重新做榫头打入榫眼；如松脱不是很严重，经修补后仍可继续使用的话。那么可以直接涂白胶粘合，也可以采取上面所说的几种方法。

自行车车圈飘动，怎么办？

自行车车圈飘动一般有两种情况，其故障的表现形式、原因和排除方法也不一样。

1. 车圈时而向外，时而向里飘动，但飘动段固定，即某一段或某几段飘动。造成这种故障现象的原因是车条松紧不一致，应调整车条。方法是，先找出车圈轴向跳动量的大小和范围，用粉笔记在跳动段的外胎上。如果车圈向右跳动，用条扳子先将跳动段右花盘一上拉得过紧的车条适当放松，再将左花盘上拉得过松的条适当拧紧；如果车圈向左跳动，调整的方法相反。调整车圈是一件细致的工作，要耐心地边调整边检查。每次调整量不要太大，每次只允许旋调车条螺母 1/4 ~ 1/2 圈。轴向跳动量消除后，再调车圈的径向跳动，调整到整个车圈跳动量不到 1 毫米时为止。

2. 车圈向外或向里飘动，但飘动段不固定，即时而是这一段飘动，时而又是另一段飘动。其原因和故障排除方法是：

（1）前轴或后轴滚动轴承间的间隙太大。调整前轴滚动轴承间的间隙时，应拧松前轴辊上某一侧的螺母，将花扳手伸到前叉和前轴身之间，用花扳手的扳口卡在轴档两个平行平面之间，拧紧前轴档，不要拧得过紧，要使前轴滚动轴承间稍留间隙（用手摇动前轮可以感知间隙大小），最后用力拧紧前轴螺母，滚动轴承间的间隙就可以消除。调整后轴滚动轴承间的间隙时，应拧松后轴辊上左侧的螺母，将花扳手伸到车架平叉和后轴身之间，并用花扳手的扳口卡在后轴档两平行平面之间，拧紧后轴档。不要拧得过紧，使后轴滚动轴承间稍留间隙（亦可用手摇动后轮来感知间隙大小），最后拧紧后轴螺母，间隙就会消除。

（2）前轴或后轴部件内装的钢球大小不一样，例如在更换6毫米的钢球时，混进了6.35毫米的钢球。应检查滚动轴承内的钢球，找出不合格的钢球，重新配换新钢球。若是滚动轴承内其他零件损坏，应更换损坏的零件。

前轮偏转或前后轮晃动，怎么办？

自行车前轮偏转，也就是车把扶正后，前轮偏向左或偏向右。造成这种故障的原因和克服的方法是：

1. 前轴螺母松动。应调整好前轴滚动轴承内的间隙，然后拧紧前轴螺母。

2. 前叉和车把之间有相对转动，这可能是因碰撞或把心丝杆没有拧紧造成的，装正把心丝杆的方法是，先把把心丝杆拧松，使把心丝杆比原来高出2～3毫米，再用锤子将把心丝杆打下去（在把心丝杆头部垫上橡皮或木块，以免将电镀层打坏），然后面对车把，扶正前轮，两腿夹紧前轮，两手转动车把，将车把装正。接着将把心丝杆拧紧。

3. 前叉立管或前叉腿变形。应校正变形的前叉立管和前叉腿。

自行车前后轮晃动，也就是前轮或后轮在前叉或车架内晃动。产生这种故障的原因和排除方法如下：

1. 前轴或后轴螺母松动。应调整前轴或后轴滚动轴承的间隙。前轴滚动轴承配合过松，可拧松前轴辊一侧的螺母，将花扳手伸到前叉和前轴身间，用花扳手的扳口卡在轴档两个平行平面之间，拧紧前轴档，但不要拧得过紧，要使前轴滚动轴承间稍留间隙，最后用力拧紧前轴螺母，滚动轴承间的间隙就可以消除。后轴滚动轴承配合过松，可拧松左边后轴辊上的螺母，将花扳手伸到车架平叉和后轴身之间，并用花扳手的扳口卡在后轴档两平行平面之间，拧紧后轴档。但不可拧得过紧，使后轴滚动轴承间稍留间隙，最后拧紧后轴螺母，间隙就会消除。

2. 前轴或后轴的滚动轴承装配过松。克服的方法同上。

3. 车圈有轴向跳动。调整的方法参见“自行车车圈飘动，怎么办?”。

自行车有响声，怎么办?

一、自行车发出周期性的响声

自行车中轴辊或车轮每转动一圈，就产生一次响声，叫做周期性的响声，产生周期性响声的原因及克服方法如下：

1. 曲柄或链条碰链罩产生响声。其原因是：(1) 半链罩（下面全链罩有全面讲述）没有装正或链罩身变形，应将紧固链罩的螺钉拧松，装正半链罩，或用钳子校正变形的链罩身；(2) 链条装得太松，应将链条收紧；(3) 中轴滚动轴承松动，造成链轮左右摆动碰撞链罩，应将中轴滚动轴承的间隙调整恰当。

2. 脚蹬轴和曲柄配合松动产生响声。可用扳手套在脚蹬轴大头的两平行平面上，将脚蹬轴拧紧。但要注意左脚蹬轴是左螺纹，右脚蹬轴是右螺纹，方向不要拧错。

3. 曲柄和中轴配合松动产生响声。应先找出是哪一边的曲柄和中轴辊配合松动，然后打紧这一边的曲柄销。

4. 车圈碰车闸、车锁、前叉或车架产生响声。若是因车圈飘动引起车圈和其他零件相碰，应检查消除车圈的轴向跳动。若是因车闸或车锁装歪，应装正车闸和车锁。

5. 鞍座产生的响声，即蹬车前进时，双脚交替用力，使鞍座内摩擦阻力过大的零件间产生响声。应在产生响声的两零件间加机油润滑。

二、自行车全链罩有响声

造成自行车全链罩有响声的原因和克服方法如下：

1. 将支架支起，如果开始摇动脚蹬和停止摇动脚蹬时链罩内产生拖动的响声，或者遇到颠簸时链罩内产生响声，都说明链条过松，只要将链条适当拉紧，响声就可以消除。

2. 链条安装过紧，不但传动系统转动不灵活，而且也会从链罩内发出咯咯的声音，这种声音是链条和链轮、飞轮啮合时产生的。应适当放松链条。

3. 中轴松动或右曲柄装得过外或过里，或链轮产生的轴向跳动量过大。都会使链条和链罩摩擦产生响声，应视不同情况加以克服。

4. 后轮装偏，不但会使链条碰磨链罩身，也会使链轮、飞轮和链条啮合时产生响声。应将后轮装正。

5. 支起支架，右手轻轻摇动脚蹬和曲柄，使后轮正转，左手向外扳动链罩身后部的上端，如果响声消除，说明飞轮上半部的外侧或飞轮下半部里侧和链罩身发生摩擦。应拧紧后夹板上面的螺钉和稍微放松后夹板下面的螺钉，适当调整前夹板螺钉的松紧程度，响声即可消除。若向里扳动链罩身时，响声消失，排除的方法相反。若在后半部不论向外或向里扳动链罩身，链罩内的响声都不能消除，说明声音可能产生在前面。这时可向里和向外扳动链罩身前部，调整前夹板上下螺钉的松紧程度来排除响声。

6. 取下外插壳，观察链罩身的尾部是否和飞轮相碰，若相碰，可用螺丝起子或钢丝钳把与飞轮相碰的链罩身向外扳。如果链罩身尾部的左侧和车条相碰，或右侧和飞轮相碰，用螺丝起子或钢丝钳校正无效时，可在飞轮和调链螺钉之间加一个垫圈，相碰处就会脱离接触，响声也就可以排除。

自行车刹车不灵，怎么办？

自行车刹车不灵是大问题，如果不加以重视，就可能出现大问题。因此我们不可大意，一旦发现自行车刹车有问题应该赶紧修理，避免出现事故。造成自行车刹车不灵的原因是多种多样的，主要有以下几种情况：

一、闸皮离车圈太远

普通前闸的调整方法是：用扳手拧松紧闸螺母，左手将前闸叉和前拉管往上提，使闸皮到车圈的距离仅有 1 毫米，再用右手将车把上的短拉杆往下拉，使短拉杆和前拉管成一直线，拧紧紧闸螺母，放开左手后，闸皮会下降 1～2 毫米，使闸皮距车圈 3 毫米左右。

普通后闸的调整方法是：先拧松车架下面的夹紧螺母，再拧紧调节螺母，把闸皮调到距车圈约 3 毫米时，拧紧夹紧螺母。如果闸皮距车圈太近，则调整方向相反。若闸板、短拉杆、后拉管等零件配合松动，或者后曲拐簧张角过大、弹性较小时，可拧松紧闸螺钉，用左手将后拉管往上提，使闸皮向车圈靠近，再用右手将车把的短拉杆往下拉，使短拉杆和后拉管成一条直线，再拧紧紧闸螺钉。当后拐簧较松，又不能往上调后拉管时，可拧紧长拉杆接头上的螺母，将后曲拐向前拉，使后闸皮、后闸叉向前移，同时压紧后曲拐簧，最后拧紧长拉杆接头上的螺母。

前、后钳形闸的调整方法相同。先用扳手拧松调节螺钉上的锁母，再用手反时针方向拧松调节螺钉，把闸皮调到距离车圈 2～3 毫米时拧紧锁母。如果闸皮距离车圈太近，可顺时针方向拧动调节螺钉。

前涨闸的调整方法是：将前拉杆下端的调节座适当拧紧，使涨闸皮向涨闸盒靠近；反之，使涨闸皮离开涨闸盒。后涨闸的调整方法是：将后拉杆尾调节座向前拧动，使涨闸皮向涨闸盒靠近；反之，使涨闸皮离开涨闸盒。

二、左右闸皮不对称

自行车刹车时一边的闸皮和车圈接触面积大，一边闸皮和车圈接触面积小，导致刹车不稳定。引起这种故障的原因是：

1. 前轮或后轮没有装正，应装正前轮或后轮，使前车圈与左右前叉腿之间的距离相等，使后车圈与左、右平叉腿之间的距离相等；

2. 车圈有轴向飘动，应消除车圈的轴向飘动；

3. 闸板装偏，应拧松夹板上的螺钉，装正闸板，拧紧螺钉；

4. 闸叉变形，可用钢丝钳夹住闸叉转弯处，校正变形的闸叉，若闸皮向外，可将闸叉向内扳动；反之，向外扳动，然后配合调整闸板位置，使左右闸皮对称。

三、刹车时闸皮先后接触车圈

引起这种故障的原因和克服方法是：

1. 闸叉没有装正。装正前闸叉时，应拧松紧闸螺钉和紧固闸板的螺钉，装正闸板和前闸叉，再拧紧螺钉。装正后闸叉时。应拧松夹板螺钉。装正闸叉，如果还不行，再拧松后曲拐夹板上的螺母，转动后曲拐夹板，装正后曲拐。

2. 闸叉变形。应校正闸叉，如果闸叉右边的闸皮先接触车圈，可将闸皮直线部分向下扳，使闸皮离开车圈，或将左边直线部分向上扳，使闸皮靠近车圈；反之，扳动方向相反。

自行车骑行费力，怎么办？

骑自行车本来是为了节省体力，但有时偏偏比走路还费力，这时候我们就该找找原因了。究竟有哪些原因会造成自行车骑行费力呢？又该怎样修理呢？

1. 轮胎气不足，造成车轮和地面之间的滚动摩擦阻力过大。应将车胎的气打足。

2. 车轮和车身其他零部件发生摩擦。排除的方法是：

（1）装正前后轮，避免因车圈偏位使前轮和前闸、泥板摩擦，后轮和后闸、泥板、车架摩擦。

（2）调整闸皮位置，避免闸皮和车圈或抱闸盘或涨闸盒摩擦。

3. 前后中轴滚动轴承间摩擦阻力过大。克服的方法是：

（1）将前后中轴部件的轴档适当拧松。

（2）放松拉得过紧的链条，链条过紧会使中轴和后轴滚动轴承阻力增大。

（3）清除滚动轴承内的泥沙。

（4）更换滚动轴承内的磨损零件。钢球磨损变形后，应全部换新。若大小钢球混杂，会加速其他部件的磨损，应换成同一规格的钢球。

4. 传动系统摩擦阻力过大。克服的方法是：

（1）装正后轮和链轮，使飞轮、链条和链轮在同一平面内。装正后轮时，应先拧松左右后轴螺母，若车轮向左偏，就要拧紧右边的调链螺母或拧松左边的调链螺母，使车圈和左右平叉腿之间的距离相等；如果车轮向右偏，调整的方法相反。判断链轮是否装正，主要观察右曲柄的安装位置，若中轴辊头部和曲柄端面正好对齐，说明安装位置正确。中轴辊头部伸到曲柄外面或缩到曲柄里面，都说明链轮装得不正确，应予以调整。

（2）消除链轮的轴向跳动。先将紧固车铃的螺钉稍稍拧松，将车铃转到车把下面，以免自行车倒置时车铃搁地。把自行车倒置后，将链轮跳动量的大小和范围用粉笔划在链轮侧面，若链轮向外跳动，可用木棒伸到链轮的大孔内，将链轮向里扳动；若链轮向里跳动，扳动的方向相反。扳动时不要用力过猛，每次扳动量不要太大。

花鱼养护篇

怎样维护好花园？

花园里百花齐放，香气馥郁，这种优雅的环境既美化人们的生活，又陶冶人们的情操，给人们带来无穷的美的享受。但要想花园里四季花期不断，那就要花费园丁大量的心血和汗水，来做好花园的维护工作了。

种花如绣花，既要细心，又要有耐心，并要做大量的工作，如：整地、作畦、育苗、间苗、移栽、浇水、施肥、除草、修剪、除虫、防霜及越冬等。下面重点介绍浇水、施肥、修剪、防霜及越冬的方法和要求。

一、浇水

浇水以清水为佳，污浊泥浆不好，含盐质浓的水也不适合。夏季应在早晨或傍晚浇水，不宜在中午温度过高时浇水，以免植株受暑；阴天则随时都可进行；寒天宜在中午天暖时进行。

浇水量依土壤种类、植物性质及天气变化而有不同。沙土宜多浇，粘土宜少浇；阴天宜少浇；初栽植物要少浇。生长期间比结种时浇水多。每次浇水应充分浇透，不能仅将土面湿润就止，否则水分因蒸发而迅速干燥，达不到浇水的目的。

浇水的方法，可用喷壶喷洒，也可用铅桶、水桶、水勺等浇灌。

二、施肥

花卉栽培使用的肥料有有机肥料与无机肥料之分。有机肥料肥效慢、肥劲长、养分完全，而且有改良土壤团粒结构的功效，宜作基肥。无机肥料肥效快，宜作追肥。

施肥的总原则是薄肥勤施，而且小苗期更应如此。叶子浓绿，厚而皱缩者，说明有过肥现象，应停止施肥；叶色发黄质薄者，说明肥料不足，宜补施追肥；生长期宜勤施肥，约 10 天一次，近于开花阶段，宜不施氮肥而仅供应磷、钾肥。

三、修剪

花卉修剪是日常维护管理工作中的一项重要措施。修剪就是对花卉施以摘心、剪梢、摘叶、抹芽、疏花、疏果、剪根等技术措施，从而使花卉树形整齐，姿态优美，生长健壮，开花茂盛，硕果累累。

修剪的适宜时期一般在休眠期和生长期。休眠期修剪应在早春树液刚开始流动，幼芽即将萌动时进行。如果修剪太早，一则伤口不易愈合，二则会刺激幼芽萌动抽枝，遇寒潮易受冻害；修剪太晚，新梢已长出，养分浪费很大。生长期修剪多以摘心、抹芽、剪长枝、花梗为主，根据生长情况和栽培要求进行修剪。

四、防霜及越冬

霜冻对植物的影响很大，主要是春季的晚霜和秋季的早霜。防霜的办法：浇水；覆盖；熏烟；包扎束叶。

有些花卉能忍受一般低温，但冬季需加以保护。保护露地繁殖越冬的方法有：促使植物老熟，使之进入休眠；中耕施肥；壅土及封土；设风障。

除了做好以上几项工作外，平时还必须做好防治病虫害的工作，这样花园才能得到很好的维护。

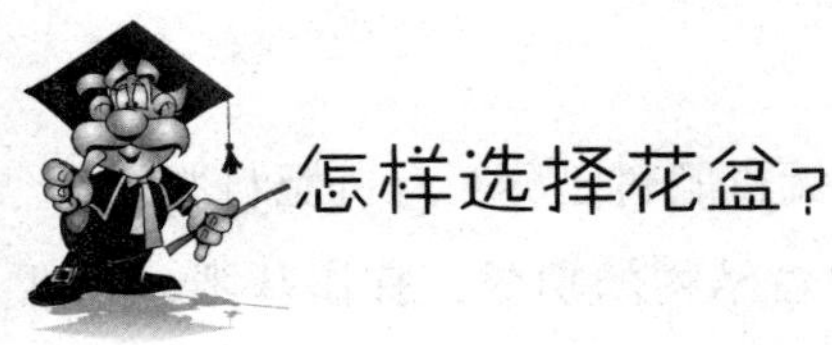

怎样选择花盆？

随着生活条件的改善和审美情趣的提高，越来越多的人喜欢在家中栽花养花。家庭栽花以盆栽为主。要搞好盆栽，除了必须掌握土壤、浇水、施肥等因素外，选择适当的花盆也是养好花的一个关键。

花盆不仅是栽培花卉的器具，而且能为花木增添光彩，提高其观赏价值。一般家庭养花的花盆应本着既实用又美观的原则进行选择。

一、要掌握各种花盆的特点，并根据不同花卉的要求来选择不同的花盆

1. 石盆、瓷盆、南泥盆的共同特点是：外形美观、质地坚实，对土壤温湿度的保持比较稳定，有利于花卉的根系生长，但透气渗水力差。在干燥多风的北方，可防止水肥大量蒸发。这种花盆对栽培茶花、杜鹃、兰花等南方花木较为合适。

2. 塑料盆的特点是：质感不如瓷盆、石盆和南泥盆好，但色彩鲜明、造型美观、轻便耐用，适宜栽植耐阴植物、壁栽和吊空栽植的花卉。用它在室内养吊兰、天冬草等比较理想。

3. 木盆的特点是：质地松软，适合栽培各种水生、地生、气生植物，而且自制比较容易，可根据自己的喜爱，做成各种形状。

4. 泥盆的特点是：透气、渗水性好，在温度和湿度保持较好的情况下，对花木的迅速生长有利，特别是一年生的草本花，用泥盆栽培长势较快。

二、根据花木的长势，在不同时间选择不同的花盆

盆栽花木长到一定时间就需要换盆，否则根系在盆中盘绕过多，即使是勤施肥浇水，也生长不好。换盆的时间，根据花木的品种和长势各

有不同。一般讲，长势快的，如月季、扶桑、一品红、迎春花等，一两年换盆一次；生长较慢的，如松柏、柑桔、茶花、兰花等，三五年换盆一次即可。换盆通常有两种方法：

1. 原株换原盆。如扶桑、一品红等，可将植株倒出，将土坨上下扒下一层泥土，并剪去老根和顶梢，然后换上新土，将花木仍栽植在原盆里。这样，只见植株杆茎长粗，不见树冠扩大、长高，很适合培养盆景。

2. 原株换大盆。如茶花、柑桔等，将土坨倒出后，适当剪去部分枝条，对根系进行认真修整，除剪去烂根外，还可以剪去部分盘绕根，注意保留主根。在去掉部分旧土后，再用新土将原株栽于比原盆大三分之一的盆中。这样可使主干和树冠越养越大，有利于花卉的生长。

怎样在阳台上养花？

家庭养花是一种高雅有趣的活动，学生在紧张的学习之余，学会栽花养花，不但可以美化家庭环境，增添生活乐趣，而且可以陶冶美好情操，调节学习与娱乐的关系。

近年来城市住宅高层建筑大量兴建，新搬进高层楼房的住户越来越多。住楼房的同学可以利用阳台养花。阳台多位于楼房的向阳面，阳光充足，空气流通，但阳台养花不同于地面，由于阳台上干燥多风，温差较大，栽培如不得法，很难将花养好。在阳台上怎样才能将花养好呢？

1. 首先要根据高楼阳台的特点，选择喜光耐旱的品种。如果阳台在向阳面，适合的花卉有：月季、扶桑、百日红、令箭荷花、叶子花、半支莲、菊花、米兰、茉莉、柑桔、石榴、葡萄，以及各种仙人掌类耐旱喜光的品种。如果阳台有遮荫条件或是在阴面，适合的花卉有：五针松、罗汉松、南天竹、棕竹、文竹、茶花、杜鹃、栀子、含笑、兰花、君子兰、万年青、金钟、仙客来，以及各种微型盆景等喜欢半阴的品种。

2. 阳台通风条件好，但盆土非常容易干燥。半日旱风，就可使枝叶萎蔫下垂，如不及时浇水，就会全株死亡。可用以下方法解决：

(1) 采用较大些的盆栽培，因大盆蓄水多，不易干涸。

(2) 适当将花盆放密集些，甚至将小盆置于大盆的盆土上，这样较多盆花一齐蒸发水分，可增加周围空气的湿度，改善局部小气候。

(3) 适当多浇水，并备一只喷壶，平时多向叶面和附近地面喷水，干旱天气可一日数次。常喷叶面水，是在阳台上养好花卉的有效措施。

(4) 在小型植株盆上套塑料袋，使叶面水分不易散发。

3. 阳台阳光充足，这有利于植物进行光合作用。但有的花卉虽喜光却忌暴晒，因此在安放花盆时，可将它们置于株形较大的喜晒盆花的后面。如发现植株叶片被烈日灼伤，须移至阴处或室内养护，令其恢复元气。另外，阳台多为水泥结构，经烈日一晒，温度很高，会烤伤盆花根须，可在花盆下填木板隔热。

4. 阳台只适合春、夏、秋三季养花，在冬季则需要迁入室内。

总之，只要摸清了阳台上栽花养花的规律，掌握一些因地制宜的培育方法，就一定可以把阳台建成玲珑可爱、欣欣向荣的空中花园。

盆花叶子发黄，怎么办？

许多人的家里都有盆栽花卉。如果管理不当的话，盆栽花卉的叶子常易发黄，甚至枯死，怎么办呢？首先，要弄清叶子发黄的原因，然后采取相应的措施加以补救。盆栽花卉叶子发黄常见的原因有以下几种情况：

一、旱黄

旱黄是由脱水或者浇水不足，烈日下曝晒等原因造成的，一般表现为顶心和新叶正常，而下部叶片逐渐枯黄脱落。如果发现上述情况应该及时浇水，而且要浇透，保持令箭荷花、昙花等尤其应注意勿使盆土干板。如果是夏天烈日下曝晒所致，则应移至阴凉处，并注意不能一下子用凉水浇灌。

二、肥黄

施肥过量或者浇灌用水与盆土碱性偏重，使土壤碱分浓度过高，根系不能正常吸水，主要表现为新叶肥厚有光泽，但凹凸不平，老叶发黄脱落，如杜鹃就特别容易发生肥黄现象。此时应增加浇水量，停止施肥，降低土壤碱分浓度，保证根系的正常吸水。平时施肥亦需注意，应施充分腐熟之肥，并加以稀释，切忌过量。

三、饿黄

长期没有换盆换土及施肥，养分不足，根系衰老过密，光照不够，表现为枝嫩、节长、叶薄嫩黄。此时应将植株换盆换土，并定时施用腐熟液肥，增加光照。

四、水黄

浇水过多、久雨水多，盆土长期处于持续潮湿状态，土中氧气缺乏，导致烂根，如石蜡红最易出现上述情况，表现为新芽、顶心萎缩，嫩叶淡黄，老叶暗黄。此时可将花移到阴凉处，经常松土，改善盆土通气情况，并立即停止浇水。

有时候，由于许久没有换盆土或施肥不当，花卉因缺乏某种必要的矿质元素而造成叶子变黄变焦。如缺氮，表现为植株浅绿，基部叶片黄色，干燥或呈褐色，茎短而细；缺磷，则表现为植株深绿，常呈红、紫色，基部叶片发黄，干燥时暗绿、茎短而细；缺钾，老叶有灼伤状，叶缘卷曲、变干，叶脉间失绿泛黄。如能弄清症状，对症下肥，缺氮补氮，缺磷补磷，缺钾补钾，则叶黄之症会很快消去。

盆花萎蔫了，怎么办？

一、花卉缺水

水分不足是造成盆花萎蔫的常见现象。表现为叶色变淡发黄，叶面起皱而无光泽，叶柄软瘪，叶子整片下垂、萎蔫。究其原因主要有两点：

其一，对喜欢温暖而潮湿的环境的花卉来讲，夏季来临时，由于空气过分干燥，水分蒸发量大，造成其不能获得所需要的水分供应而脱水。抢救办法是将盆花移置于通风、阴凉处，待盆土温度下降后再浇水，然后从第二天开始早、晚各浇水 1 次，注意夏季浇水时间为：早上 10 时以前，下午 5 时以后。天气较凉爽时应在中午前后浇水，天气寒冷时，下午 2 时至 3 时浇水较好。

其二，盆土缺水，常常是由于养花者每次浇水量太少，只把盆土表面浇湿，水分未能深入盆底，下部的根须未吸收到水分所致。这样时间久了，花卉自然因得不到水分而萎蔫。补救办法就是对盆土进行浇水，但注意只能逐渐增加浇水量，不能猛然一下浇得太多。这是由于花卉植株萎蔫时，根毛已经萎缩，丧失了吸水功能。同时，萎蔫已使细胞失水，若供应水分骤然过多，会使细胞壁和原生质壁分离。

二、过量浇水

花卉缺水不行，浇多了也会出现萎蔫现象。土壤含水量过大就会把土壤内部的孔隙都堵塞起来，使空气中的氧气进不去，造成缺氧，导致根系霉烂。土壤水分过多时，植株常表现为嫩叶颜色变淡，接着老叶下垂、颜色泛黄，并逐渐萎蔫甚至枯死。对此，应停止浇水，疏松土壤。情况严重的，要脱盆并剪去烂根，用沙质土重新栽植。

三、光照过强

有些喜阴的花卉若遮阳不好，或被强光直射，植株的叶子会萎蔫卷曲，严重的会枯黄脱落。对此，应把花卉搬到背阴处或采取其他遮阳措施。

四、施肥太浓

有些养花者一心希望自己养的花枝繁叶茂，急于求成，大量施肥、施肥过多过浓，或施肥次数过多，都会使盆花细胞液外渗，产生质壁分离。表现为植株叶片边缘焦黄、叶片萎蔫，时间一长就会死亡。应向盆内多浇清水，冲淡土壤中的肥分，并抬高盆子，让水迅速从盆孔排出，或立即翻盆，换上新土，这样可使植株逐渐恢复正常的生长状态。

五、水质偏硬

经常用硬水浇花，植株就会慢慢萎蔫，土壤碱化板结。改用软水浇花，情况就会好转。除原产干旱沙漠地区的仙人掌类花卉之外，绝大多数花卉都喜软水、忌硬水。雨水和雪水一般为中性，不含矿物质或其他有毒物，清洁卫生，并含有较多的氧气和从空气中带来的氮素营养，是一种理想的天然软水。河湖水、池水一般都是由雨水聚积而成的，含矿物质少，硬度小，同时从流经地携带有较多的可溶性营养物质，用于浇花可促进花卉生长，使其花色艳丽。家庭生活中的废水，如洗衣水、洗碗水等，因碱性重、且含氯与油质，不仅对花卉有直接的毒害作用，还会破坏土壤结构，不可用于浇花。

六、病菌危害

天晴时温度高，而泥土潮湿，最适合细菌生长繁殖，盆花极易感染细菌，因而常常出现萎蔫现象。表现为叶片失去原有的刚性、韧性，触之感到很柔软，且最先是下部叶片萎蔫，有的匍匐在地上，然后逐渐蔓延整个植株，全部叶子都发软而伏在地上。抢救办法是用土菌诺进行灭菌。具体操作：每次 4～5 克土菌诺加 1.5 千克河沙（或细土）充分搅拌均匀，制成河沙和土菌诺的混合物，然后将此物在盆花根部周围表面覆盖一层。覆盖后，喷洒少量的水，将河沙湿透即可。如果发现及时，处于感染早期，通过以上处理后 1 天时间即可恢复。

怎样给花浇水？

浇水是养花过程中最经常、最主要的管理工作，如果浇水不当，花就可能被淹死或干枯致死。所以浇水是养花成功或失败的一个关键性的问题。

水是任何生物一生中必不可缺的。因为，水是生物所必需的组成部分，一般生物的含水量约占体重的 15%～80%。水是植物光合作用的原料；水能调节花卉在不同季节、不同时间的温度，水能使花卉保持一定姿态，水也是花卉体内的主要溶剂，施肥溶解在水中成为土壤溶液才能被吸收和利用。如果土壤干燥，花卉就会出现“萎蔫”现象，甚至枯死；而土壤过于潮湿就会使根系“窒息”，甚至发生腐烂。

下面谈谈给花浇水必须注意的几个关键问题：

一、根据季节浇水

开春以后气温逐步升高，花卉也将进入生长旺盛期，浇水量应逐渐增加。夏季花卉生长迅速，浇水要多浇勤浇，但应当注意，由于天气炎热，土壤的温度和根系的温度都很高，不能用温度较低的井水或自来水直接浇花，因为土壤和根系的温度骤然下降就会妨碍根的吸水，甚至会使花卉出现暂时萎蔫。所以夏季浇花最好用阳光晒过的较为温暖的水。另外，夏季浇水最好避免在中午进行，因为这时气温最高，用冷水浇花易导致花卉体内的细胞液冷热交替不能相互渗透，花反而吸收不到水分。经常这样会造成落花或落果。总之，夏天浇水应该在傍晚或早晨。立秋后花卉生长逐渐缓慢，应控制浇水量。立冬后花卉生长极为缓慢，或进入休眠状态，更应注意减少浇水量。

二、根据生长期浇水

花卉幼苗期需水量少，可根据生长的具体状况控制浇水。生长旺盛时就应多浇水，开花时不要过多浇水，以防花卉出现落花情况，喜温植物可多浇水，耐干植物就应少浇。

三、根据气候变化浇水

气温高或大风天蒸发作用快，应多浇水；气温低的天气蒸发作用慢，可以少浇或不浇水。

四、根据土壤结构浇水

土壤中的酸碱度不一样，花卉对酸碱度要求也不同，例如南方的山茶花、杜鹃花性喜酸性土壤，所浇的水应采用酸性水，但如果连带原酸性土壤移植到北方后，是不能适应北方的碱化水的，土壤会很快变质，对花卉生长极为不利，这类花最好用雨水来浇。

浇花总的原则是：无论在什么季节，什么天气，都应做到“干透浇透”，也就是说一旦干透了就应及时浇水，并浇透；千万不要浇“腰截水”，也就是只浇湿表面土壤。

怎样给花施肥？

“庄稼一枝花，全靠肥当家。”这句农谚强调肥料对农作物生长的重要性，其实养花的一个关键问题也是如何因地制宜、合理施肥。

所谓因地制宜、合理施肥，就是要根据不同地区的不同条件，通过施加肥料，改善花卉的营养结构，促进光合作用，调节新陈代谢，改善土壤环境，从而促进花卉的生长。例如在花卉幼苗期迅速生长阶段，如不适时追肥，幼苗就会生长得瘦弱，直接影响花卉成年植株的质量。在花卉的孕蕾开花阶段，如不大量施用氮肥，就会产生落蕾、落花，甚至不孕蕾的现象。相反，施肥过量不仅不能被根系吸收，而且浓度过大，会使花卉体内细胞液出现倒吸，俗称“反渗透”现象，造成死亡。

养花施肥必须根据土壤情况、花卉不同生长期的特性以及不同生长阶段对养料的不同需要来作相应处理。

一、准备肥料

1. 氮肥：把榨油的菜籽饼、花生饼、豆饼等收集来备用，氮肥有促进枝叶繁茂的作用。

2. 磷肥：把肉骨、鱼骨、鱼鳞等敲碎并与水发酵，磷肥有促进花色鲜艳、果实肥大的作用。

3. 钾肥：钾肥有促进根系健壮的作用。家庭养花应以收集草木灰为主，不需购买化肥，施用化肥过多会造成土壤板结。

二、施肥方法

1. 基肥：在种植花苗前根据具体情况把肥料拌入土中，然后再栽苗。

2. 追肥：一般在花卉生长季节，在花盆周围松土施肥而后浇水，也可把肥料加水浸泡成水肥来浇灌（水肥应先在春天泡制，经过夏天充分腐熟后才能使用）。

三、施肥原则

1. 掌握季节和时间。春、夏季节花卉生长旺盛可以多施肥，入秋后花卉生长缓慢，应少施肥；冬季花卉处于休眠状态，应停止施肥。施肥应采取“少吃多餐”的原则，也就是施肥次数要多，施肥量根据花卉生长情况来决定，一般从开春到立秋可每隔 7～10 天施一次稀薄的肥，立秋后可每隔 15～20 天施一次。

2. 施肥要适时、适量。一般当发现叶色变淡、植株生长细弱最为适时，必须根据花卉的不同发育期的不同需要来施肥，如苗期多施氮肥，孕蕾期多施磷肥。

3. 施肥要掌握温度和肥料的浓度。夏季中午气温高不宜施肥，傍晚施用效果最好。肥的浓度不宜过大，过大会出现“反渗透”现象，因为花卉能否吸收到肥料，取决于土壤肥料浓度和细泡液浓度的对比，土壤中肥料浓度小于细胞液浓度时，花卉才能吸收到肥料。

总之，要养好花必须施足肥料，而施肥必须适时、适量，否则会出现相反的效果。

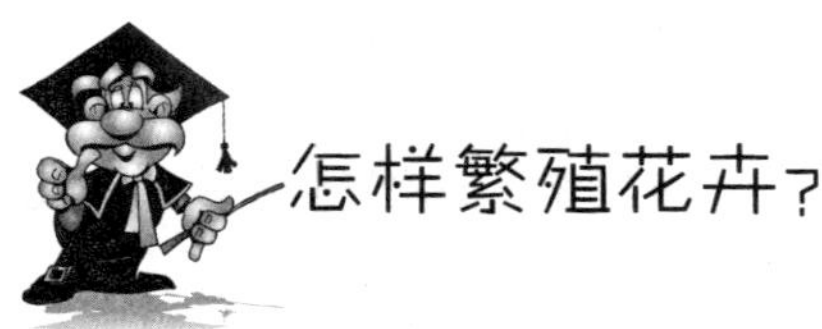

怎样繁殖花卉？

花卉通常采用播种、扦插、压条、分株和嫁接等方法进行繁殖。

一、播种繁殖

1. 选择良种：可选用繁殖母株和优良父本进行人工授粉繁殖种子或购用商品良种。

2. 适时播种：播种时间应有利于花卉的成活和生长，如君子兰授粉后 8～10 个月种子成熟，即可采收播种；文竹在 3～5 月播种；一串红在 2～3 月播种；仙客来在 9～10 月播种为最好。

播种时一般用花盆、浅盆或木箱装沙或细沙土和腐殖土，种子放在沙土表面，上面覆沙，覆沙厚度视种子大小而定，约在 0.1～1.5 厘米之间，盆上盖上玻璃片或塑料薄膜。

3. 浇水保温：保持沙土水分和适当的温度，一般经过 10～50 天可发芽出苗，出苗后即可适时装盆。

二、扦插繁殖

1. 插枝的选择：如杜鹃在 6～7 月间插枝，应选基部木质化节间短的当年生枝条，每段5～10厘米，顶端留3～4片小叶，其余叶片摘除；菊花是第二年春采宿根萌发芽作插条，还可在菊花苗高10～15厘米时，下留三个壮芽，当壮芽萌发长到10～15厘米时（6月下旬）再同样剪裁，剪掉部分可留作插条。

2. 扦插方法：扦插在花盆、木箱或温床中，插土为素沙、净沙或腐殖土和细沙土，深度以插条长度的1/3～1/2为宜。

3. 管理：插后喷透水，用塑料膜或用玻璃罐罩上插条，放在遮荫处，每天浇水，阴雨天酌减，长出根后适当遮荫，逐渐见光。

三、压条繁殖

米兰的压条最好在温度较高、湿度较大的夏季，方法是选择木质化枝条，环状剥皮2～5厘米，剥皮位置一般在距枝杈6～9厘米处，环剥后涂一圈壤土，外缚塑料布压紧，上下扎好。温度保持在20 ℃以上，4～6个月即可生根。然后将生根的枝条剪下带土放上盆。上盆时盆土用一般沙壤土，不要肥沃腐殖土。浇透水，放背阴处。经常保持高温高湿，经40天左右逐渐见光。

四、分株繁殖

分株法是利用肉质茎或根芽与母株分开的方法，如美人蕉可利用肉质茎分株，秋季霜降前挖出球根，剪除上部，先放通风处晾晒7～10天，然后移至室内或温室内地下沙培，温度保持在5 ℃～6 ℃，防止受潮。于第二年4月在温室内作床沙培，保持20 ℃～25 ℃的温度，适当喷水，4月末或5月初即可分株上盆出苗。

五、嫁接繁殖

花卉多用根接。如牡丹和芍药在9月中下旬以牡丹或芍药的枝条为砧木，取直径2～3厘米粗的芍药根，剪成5～15厘米砧段，先阴2～3天；接穗选当年生牡丹枝条（基部的萌蘖更好），每穗要有1～2个芽，用切接或劈接方法进行嫁接。接后在苗床中栽培，栽时接口深于地表8～

10 厘米。接芽成活后靠砧木根系供应营养物质生长发育，三年方能产生自生根，移植时切除砧木根系。

花卉感染真菌病害，怎么办？

花卉真菌病害有好多种。如白粉病、黑斑病、霜霉病等，下面以常见的白粉病为例，谈谈防治的一般措施。

一、症状

白粉病由白粉病菌引起。白粉病菌可以侵害花卉的叶片、枝条、花柄、花芽等部位，使受害部位的表面长出一层白粉状东西（分生孢子），"白粉病"名称由此而来。感染后期病叶和枝条上有灰色菌丝体，内有小黑点（子囊果），被侵害的植物组织逐渐出现坏死。

二、发生规律

病菌以菌丝在寄生的病芽、病枝或落叶上越冬。春天温度适宜（18 ℃ ~25 ℃）时，白粉病菌生长，产生大量分生孢子进行传播，6 ~8 月遇高温高湿又产生大量分生孢子，扩大侵染。分生孢子落在叶片上，发芽生出菌丝，在叶表面生长并长出吸器，从叶片气孔插入组织内吸取叶片养分。庭园清洁卫生差，栽培管理不佳，浇水及施氮肥过多，通风透光不良，均可影响花卉生长，使病害加重。

三、防治方法

1. 预防措施。为了防治白粉病等真菌病害，在种植花卉时要选用无病的植株；加强栽培管理，使花卉生长健壮，提高抗病能力；春天花卉枝条发芽前，应仔细检查，彻底剪除患病的枝、叶和芽，清除庭院内所有腐枝烂叶，并加以烧毁；在早春发芽前喷波美 3 ~4 度石硫合剂，可预防白粉病及其他多种真菌病害。

2. 治疗方法。发现花卉感染了白粉病，可剪除病枝、叶，并予以烧毁，同时及时喷洒杀菌剂。常用的杀菌剂有以下几种：①50%代森铵稀释800～1 000倍的溶液；②70%托布津可湿性粉剂稀释700～800倍的溶液；③50%多菌灵可湿粉剂稀释500～800倍的溶液。以上杀菌剂对黑斑病、炭疽病、霜霉病等多种真菌病害均有效，同学们不妨试一试。

花卉感染细菌病害，怎么办？

花卉细菌病害有多种，感染了细菌病害后决不能盲目地乱处理、乱投药。我们可以根据花卉所表现的症状，先诊断花卉感染的是何种细菌病害，了解引起该病的原因，然后采取行之有效的防治方法。

下面以常见的细菌软腐病为例介绍一下。

一、症状

软腐病菌主要危害根和地下茎，如块根、球茎、鳞茎等营养繁殖器官。在贮藏这些营养繁殖器官时，患病的器官在干燥条件下呈干缩粉状，在湿度大的情况下，则成为一团由松软外壳包裹的腐臭浆状物，其中充满了细菌。在花卉生长过程中，植株受到侵染，则表现为叶尖变黄，逐渐枯萎，随后沿地平线处枯落，导致花卉死亡。

二、病因

该细菌生长的适宜温度是27 ℃～30 ℃。它能在水中自由游动，从块根、球茎等的伤口侵入，在寄主组织内繁殖，分泌毒素使寄主细胞坏死，从中吸取养分并不断向四周扩展，同时该细菌还分泌溶解酶，使组织整体腐烂。在贮藏球茎、块根时，如通风不良、高温高湿，该病菌就大量繁殖，造成危害。在种植此类花卉时，天气潮湿、土壤水分多、气温又高，都有利于该病菌繁殖、传播和侵入，根茎出现腐烂，造成花卉枯死。

三、防治方法

生长期发现病叶要及时去除，根茎感染较轻的部位，可用刀片削去，刀片每次都要用70%酒精（或5%石炭酸或0.1%高锰酸钾）消毒，以防传染。感病严重的根茎即淘汰烧毁。盆栽的盆和土，要进行消毒或更换新盆及土。为了防止该病发生，播种前要严格挑选鳞茎、块根等种植材料，经切除病块的材料，可用农用链霉素350～700单位/毫升浸30～60分钟进行消毒，盆栽时要用消毒土或新土。

花卉感染病毒病害，怎么办？

迄今为止，人们还未找到有效治疗花卉病毒病害的方法。那么，花卉感染病毒病害后是不是就毫无办法呢？同学们不必担心，我们可以通过观察病毒病害发病症状，认识它的发病规律，从而采取综合措施，达到控制病情的目的。

一、症状

感染花卉的病毒有多种，花卉感染后表现出来的症状通常是：植株矮化、叶片出现花叶或黄化、花瓣变色等。

二、发病规律

病毒能通过直接接触进行传播，还能通过昆虫、线虫、螨、真菌等生物媒介传播，有些病毒还能通过种子、球茎、鳞茎、枝条等传播。当病毒进入花卉细胞后，利用自身携带的基因和寄主细胞的物质和能量进行增殖，进而被运到附近细胞或其他组织器官，使花卉出现病变症状。

病毒在花卉各组织器官中分布具有不均匀性，表现在同一张叶片上褪绿部位病毒较多，深绿部位病毒较少或没有；茎顶和根尖分生组织0.4毫米或0.2毫米以内无病毒。

二、综合措施

1. 发现病株后应及时拔除烧毁，接触过病株的手要用肥皂洗净。

2. 为了消除病毒，可在播种、扦插或嫁接前，对繁殖材料进行温热处理。种子一般可在50 ℃~55 ℃温水中浸10~15分钟；无性繁殖材料可依不同植物及病毒，使用35 ℃~54 ℃热处理几小时、几天或几周，具体温度与时间可通过试验确定。

3. 利用病毒在植物组织中分布不均匀性，取没有病毒的一部分组织，培养成新的完整的植株。

4. 为了防止病毒病害，应采用无病毒的种植材料，选用抗（耐）病优良品种，加强栽培管理，及时喷药防治蚜虫、叶跳蝉、白粉虱等害虫，使花卉生长健壮。

怎样给花木治虫？

花木在整个生长过程中，常常遭到各种病虫侵害，既影响了花木的健康生长，又降低了观赏价值。因此，病虫害的防治成了花木管理中一项重要的工作。下面介绍一些虫害的防治措施：

一、花木病虫害的防治要遵循“以防为主”的方针

1. 加强各种管理工作，保持适当的湿度、温度。

2. 土壤在种植前进行消毒，简便方法是进行炒蒸或太阳曝晒来杀死虫卵。

3. 引进新品种的花木后要严格检查有无病虫害，以防蔓延成灾。

4. 一旦发现有虫害立刻隔离，严重的要烧掉或深埋，切莫姑息。

二、几种常见害虫及防治方法

1. 蚜虫。蚜虫危害极广，几乎涉及所有的花木。它们群集于花木幼嫩的枝叶上吸取营养，致使叶子枯黄、萎缩，并有可能招引蚂蚁，传染其他病害。防治方法：喷洒加水 1000～2000 倍乐果，或用 10 斤水煮 50 克烟叶，来喷杀蚜虫。

2. 刺蛾。刺蛾幼虫俗称刺毛虫、痒辣子。它们危害花木嫩叶，影响开花结果。防治方法：秋季冬季可以捕捉虫茧，幼虫可用杀虫霜或敌杀死等喷杀。

3. 红蜘蛛。该虫种类很多，体形小，呈红色，多发生于高温干燥环境下，喜在花木上结网，在网下吸取汁液，受害的叶子枯萎脱落。防治方法：（1）喷加水 1500～2000 倍乐果，或用 2.5 千克水煮 25 克辣椒杀除；（2）增加空气温度。

4. 天牛。天牛食性很杂，危害多种果木，成虫在老枝干皮下产卵，幼虫孵出先在皮层蛀食，经过 1～2 月蛀入木质部位。成虫喜咬食嫩枝皮层、破坏树皮造成伤口。防治方法：冬季消除虫茧，杀死越冬幼虫，可用 90% 晶体敌百虫 800～1000 倍酸或湿性粉剂 100～200 倍液喷杀。

5. 线虫。线虫是花木常见害虫，体形小，肉眼看不清，白色呈线状，主要在土壤中危害花木的根部，受害后根部出现瘤状物，肿大甚至腐烂。防治方法：（1）人工进行消毒；（2）药粉可用加水 1500 倍乐果浇入土中。

6. 介壳虫。介壳虫种类很多，常见有吹绵介壳虫、盾介壳虫，是一种常见的且非常难防治的害虫，它几乎危害所有花木，受害的花木生长缓慢，枝叶枯萎。防治方法：庭院中的花木可用药物防治，喷“石油乳剂”加兑“1605”或“1059”有效，室内花盆内的花木要经常注意湿、温度调节和通风。

害虫对花木的危害情况非常复杂。不少害虫由于长期经历农药的喷杀而产生抗药性。害虫生长阶段不同，对花木危害也不同。要根据虫情，尽早防治杀除。用药量要适当，喷洒要均匀周到。总之，防治害虫要因地制宜，达到经济、合理、有效、安全的目的。

怎样改变花的开放时间？

要使花改变它的开花期，可用提高或降低温度，改变光照条件，药物处理，控制调整栽培措施等方法来试试。

很多植物是在低温下休眠的，用降低温度的办法，可强迫花卉植物休眠，促进其花芽的分化和萌动。如梅花、桃花、海棠、桂花等，在不同的低温条件处理后能催其开花。桂花花芽是在夏季高温条件下形成的，但其萌动却需 18 ℃以下的环境，经 4 ~6 天才能萌动开花。低温还能延长植物的休眠期及推迟开花期，因此人们常用此法使某些花卉在重大节假日开放。如杜鹃花、茶花、梅花、榆叶梅、木瓜海棠、含笑、迎春等，正常花期在 2 ~ 3 月份，经低温处理，可控制其在“五一”开花。

提高温度也能促进花芽分化，促使提前开花或延长有些花卉的花期。如月季在 3 月初加温可促其花蕾形成，使在“五一”开花。牡丹、碧桃、玉兰等分别提前二个月和一个多月，给以增温处理，就能使它们在春节期间开花。茉莉、白兰、栀子花等将其最低温度保持在 25 ℃，就可使它们在“十一”也能开花。贴梗海棠、樱花、玉兰、杜鹃、茶花、水仙等加温至 15 ℃ ~25 ℃，能提前 40 天左右开花。

采用缩短或延长光照的办法，可以使一些花卉提前或延迟开花。如菊花、一品红等都属短日照花卉，欲使其在国庆节开花，菊花可提前一个半月，每天作遮光处理，先给以每天 10 小时光照半月后 8 ~9 小时的光照；一品红则需提前二个月作遮光处理。

增加光照时间能推迟花期。如菊花从 8 月至 11 月或 9 月至 11 月底，每天在日落起增加光照（人工照明），使每天光照时间有 14～16 小时，那么可使它在 1 月或 2 月开花。处理期间适宜的温度为 20 ℃左右，若低于 15 ℃，则花芽不能正常分化。

用遮光的办法，在花蕾有 4 厘米左右时，对昙花进行日夜颠倒的处理，经一周即可在上午 8～10 点开放，至下午 5 时左右凋落。

利用乙醚、一氯乙醇、赤霉素、奈乙酸、2～4D、秋水仙素等处理花卉，能使花卉花期提前或使花朵增大。

我们还可改变播种期、扦插期、修剪期，进行摘心、摘叶、施肥、控水和遮荫处理来提前或推迟开花，达到控制花期的目的。

不会家庭插花，怎么办？

中国有着悠久的插花史，随着人们生活水平的提高和对美的追求的深入，插花已走进了千家万户。怎样进行家庭插花呢？

首先来了解插花的类型。插花一般可分艺术插花和装饰插花两大类。两者之间的区别主要表现在三个方面：

1. 材料。艺术插花主要是利用花卉的果、枝、叶等，而装饰插花则除了这些之外还可广泛运用其他一切材料，如：蔬菜、瓜果、纸、电线、建筑材料等。

2. 容器。艺术插花一般运用盆、瓶、篮等，常用钉板钉板（插花的工具，用来固定花枝，有不同的形状和大小，平底的金属块上有很多金属针）固定；装饰插花却不一定用容器，常用花泥固定。

3. 几架。艺术插花要配以与盆、瓶协调的几架；装饰插花则不一定要配几架。

家庭的插花可根据自己的喜好来选择插花的类型和形式。下面介绍几种常见的插花形式。

1. 三角形。这是一种相对对称的插花花型，它的外轮廓近似一个等腰三角形，给人稳定而美丽的感觉。

2. L形。这种花形一般只能正面欣赏，外形如同英文字母“L”，线条美是它的主要特征。选择花枝时要注意选择细长、易表现线条美的花枝。

3. 月牙形。它的外形像一轮弯弯的月牙，活泼可爱，往往还会令人产生许多的联想，插花时要注意中心部分花要插得多，颜色要艳丽，两侧的花枝要长而尖翘。

4. S形。这是巧妙利用花卉的自然曲线，表现S形线条美的一种花形。要选择细长且略有弯曲的花枝作为插花材料。

5. 放射形。这是从放射的原理中得到的启发，它从一个心点向外扩散，产生一种秩序美，选择花枝要注意选用笔直挺拔的。

插花的形式不胜枚举，只要反复揣摩实践，就能触类旁通、得心应手，设计出别具匠心的作品来；然而，如果花型设计得很好，但花的颜色却杂乱无章，就很难使插花作品达到理想的境界，所以还要懂得一些色彩搭配的知识，一般可以把插花的色彩按以下三种情况进行组合。

1. 同种色搭配。就是把同一种颜色而深浅不同的花组合在一起，如：紫色、深紫色、淡紫色等，这样的组合非常容易调和；但也容易显得单调，这就要选用同种颜色，但深浅对比强烈的花，才能达到预期的效果。

2. 类似色的组合，将颜色类似的花组合在一起，如：红色的、朱红色的、黄色的等，这样的组合调和统一，又有变化，较易被初学者掌握。

3. 对比色的组合，它是将颜色对比强烈的花组合在一起，如紫色和黄色的搭配，它具有活泼、鲜明的特点，但要注意色彩不宜过分繁杂，要有一种主色，再用少量的对比色加以点缀，为了使它协调，可加一些白色的花来调节，因为白色可以和任何颜色调和。

此外，如果决定用容器的话，要考虑容器的颜色也要与花的颜色协调，要便于放置插座，与花型统一。

掌握了以上这些知识，便可以去选择一些新鲜的花枝来试一试。

怎样延长插花保鲜时间？

春暖花开，群芳争艳。这时如果在居室内放置一个花瓶，插上一束鲜花，可以使整个房间充满生气，春意盎然。遗憾的是，过不了几天，瓶中的鲜花逐渐地枯萎，失去往日的鲜艳色彩，怎么办呢？能不能尽量延长瓶插鲜花的保鲜时间？

瓶插鲜花之所以容易枯萎，原因不外乎两个方面：一方面是由于导管口的堵塞，水分不能顺利上达枝端，另一方面是由于鲜花离开母体和土壤后，缺乏营养的供应，因此过早地凋谢。

导管口的堵塞，常常发生在插枝伤口处。首先，由于把鲜花从母体上剪下来，伤口处会分泌出一些液汁，这些液汁极易堵塞导管口；其次，由于水中细菌的作用，使花枝切口感染而发生腐烂，取出枯萎的花枝，常常可以看到花枝下端切口处的腐烂现象。

缺乏营养供应也是鲜花过早凋谢的重要原因。鲜花长在母体上，一方面可以通过土壤吸收植物生长必需的矿质元素，另一方面又可以通过光合作用把母体制造的有机养料充分输送到开花部位。现在，鲜花离开母体和土壤以后，自然会由于上述条件的缺乏而加速枯萎。另外，植物学的研究还告诉人们，鲜花的凋谢往往同乙烯和细胞分裂素的变化有关，许多花在开花几天后释放出大量的乙烯，细胞分裂素的含量却大大减少。而乙烯可以加速鲜花的衰败凋谢过程，细胞分裂素有延长鲜花开放时间的作用。

明白了上述道理，不妨采取下列措施延长瓶插鲜花的保鲜时间：

1. 花枝的剪取宜选择傍晚或清晨空气中水分较多之时，以避免强光下植物叶片的蒸腾作用旺盛造成植株的枯萎。切口宜斜，以扩大吸水面积，对于剪下的切口应进行消毒处理，先在微火上灼烧，然后放在高锰酸钾溶液中浸泡 1 ~ 2 分钟，最后在清水中漂洗，可以防止细菌寄生和汁液流出，促进伤口组织愈合。

2. 花瓶中的水应该经常换，以河水、井水为好，自来水应预先静置一段时间再用。

3. 经常检查花枝下端，一旦发现切口腐烂，应立即将腐烂处剪去，换去瓶中的水，并可在水中加少量硝酸银、醋酸铵等杀菌物质以杀死细菌，也可以把切口切成四裂，增加吸水面积。

4. 为了延长鲜花开放时间，还可以在水中增加一些营养，如糖等，以补充鲜花开放消耗的能量，也可以在水中增加一些硫代硫酸银等化学物质抑制乙烯作用，并注意不可在鲜花周围摆放水果和蔬菜以减少空气中乙烯的含量，还可在水中加一些人工合成的具有细胞分裂素功能的苄基腺嘌呤等。

5. 阿斯匹林对延长花期有效，能起到封闭叶孔、减少插花体内水分蒸发的作用，不妨也试试。

只要做到上述几点，延长瓶插鲜花的开放时间，是完全可能的。

怎样保护盆花安全过冬？

冬季来临，天气变寒，多数盆栽花木都要搬入室内，盆花的防寒养护工作成了家庭养花的关键所在。

为了保护盆花安全过冬，应当注意以下几点：

一、“初冬不入”

天气刚刚寒冷，如无霜冻，不要急于把花木移入室内。这时应该将花木留在室外，放在避风向阳处，让花木经历一段低温气候。在一般情况下，一品红、扶桑、海棠、君子兰、蟹爪兰、仙人球等，在气温下降到 10 ℃左右入室较好；米兰、茉莉、茶花、万年青、兰花等，在 5 ℃左右入室为宜；迎春、腊梅、梅花、月季等则应在结冻后入室才好。

二、通风

花木入室以后，要注意通风，尤其是在中午，气温比较高，要经常开窗，但要根据室内气温的变化及时掌握好通风。既要防止室内温度过高，花木受热；又要注意在室内外温差极大时，不使花木受寒。因此，在一般情况下，室温不超过 25 ℃时，不要把窗户打开过大或让通风时间过长。

三、光照

冬季放在室内的花木，绝大部分需要光照，但应根据花木对光线的不同要求分别对待。如蟹爪兰、秋海棠等，宜放在向阳的窗台上；杜鹃、万年青等可放在光线不太强的地方；休眠的球根类花卉，则应放在半阴处过冬。

四、温、湿度

冬季花木在室内，很重要的是掌握好温差和湿度的相对平衡。温度过高影响花木的休眠，过低又容易把花木冻坏。冬季家庭室内较干燥，这对花木生长也不利，特别是兰花、君子兰、仙客来等，空气中要有一定的湿度，才能使其生长和开花正常。因此，每周至少要用清水喷洗一次枝叶，特别是在阳光强烈、气温较高的中午要及时用清水喷洗枝叶。还可以在室内放置鱼缸、水盆等，以增加空气的湿度。

五、浇水施肥

花木在冬季一般生长较慢，需水量和蒸发量相对比较少，因此，本着偏干、不宜过干的原则浇水比较合适。但是一品红等在冬季生长和开花的花木，需水量较大，必须勤浇。

总之，只要我们采取以上保护措施，不仅能保证花木安全过冬，而且能使一盆盆花卉在寒冷的冬季长得枝繁叶茂，为我们的居室增添春色。

不会挑选金鱼，怎么办？

金鱼种类繁多，美丽夺目，雍容华贵，姿态各异，素有“水中活花朵”之美称。如果在室内或庭院置玻璃缸或盆、池养几条金鱼，可以点缀居室、陶冶心情，增加生活的乐趣。

由于金鱼品种比较多，又各具特色，许多初养金鱼者往往会不知所措，不知如何挑选。挑选金鱼，应该注意以下几点：

一、先要熟悉金鱼的品种

金鱼发展到现在，品种已经不下一百几十种，而且新品种不断在出现。从体型上看，有扁形、圆形；从尾鳍上看，有长尾、短尾、单尾、多尾；从眼睛上看，有突眼、翻眼、水泡眼；从头形上看，有肉瘤头、蛤蟆头、老虎头；从体色上看，有红、蓝、墨、五花、紫蓝花、红头白身、透明体、虎皮纹等等，既有传统品种，也有新培育成功的新奇品种和珍稀品种。不熟悉金鱼的品种和各种品种的特性，就无法区别金鱼的优与劣，上品还是下品。比较珍贵的金鱼品种如裹鳃红虎头、五花虎头、红头水泡、红头狮子头、红珍珠、五花高头、朱顶紫罗袍等等，它们都各具特色，具有很高的观赏价值。购买金鱼，首先要对各种金鱼品种细心观察，熟悉不同品种的特征，才能挑选到比较称心如意的金鱼。

二、全面观察，分辨优劣

可以从金鱼的体色、体态、姿态三个方面进行观察。

1. 观体色。金鱼有不同的体色，但不论何种体色，均应光泽鲜艳，否则鱼即有病，或者即将褪色。

2. 观体态。金鱼品种除了体色不同外，体型的千姿百态是一个主要方面，可以分别从背部、头部、眼部、腹部、鳞片等方面加以选择性判断。背部有鳍者，鳍条应硬、高、长、挺直如帆；无鳍者应光滑无棘，脊椎平直，略呈弧形。头部纹路要美观好看，头部有肉瘤者肉瘤应发达、丰满，无肉瘤者头要宽平。从眼部看，龙眼睛应大而圆，左右对称，突出眼眶；水泡眼泡要大、软、透明，左右对称；朝天眼睛尖应凸出、圆大、对称，向头颈平翻90度。从尾部看，尾长者鳍膜应略薄，尾叶要宽大、分四叉；短尾者鳍膜应略厚，四叉匀称、平展，不管长尾短尾，均不可上翘。腹部左右肚子要对称，忌偏肚。鳞片应整齐光亮，无损。

3. 观姿态。好的金鱼姿态美丽，游泳时轻盈舒展，静止时端庄平稳，切不可有倒立（头低尾高）和歪侧现象。

掌握了以上几个标准，即可挑选到合乎自己心意的既健康又耐观赏的金鱼。

怎样选择养金鱼的容器？

室内饲养金鱼，多用水族箱，放于窗台或书桌案几上。水族箱可到花鸟金鱼商店或礼品门市部购买，也可自制。现在市面上有长方形的、菱形的水族箱和圆形盂状的玻璃缸出售。圆形盂状的玻璃缸，由于器壁是弧形的，使玻璃发生折光作用，因而使金鱼变形，不易看见金鱼的真实形态，大失金鱼优雅形姿，实属最大的缺点。选择养金鱼的容器，还是以长方形的或菱形的水族箱最为合适。

水族箱的大小可根据起居室的大小、室内的陈设和金鱼的大小等情况来确定。水族箱的长度约为深度或宽度的两倍。为了便于栽植水生植物，也可稍微加深一些。家用水族箱体积不宜太大，过大笨重易损，换水洗刷也不方便；但过小又不利于金鱼的游动，对金鱼生长不利，且常因缺氧而死亡。若使用圆形盂状的玻璃缸养鱼，必须注意盛水量。盛水不宜过多，多则有害。其原因是，鱼在水中生活，呼吸要消耗氧气，而圆形玻璃缸上口小，缸中的氧气被金鱼不断呼吸利用，逐渐减少，就要靠空气中的氧气溶解于水中来补充。盂状玻璃缸的盛水量越多，缸里的水面就越小，与自然空气的接触面就越小，溶氧量也就减少了。这时金鱼就会因缺氧而出现浮头现象，时间长了，就会窒息死亡。因此，盂形玻璃缸中盛水量应以缸高的1/2～3/5为宜。

除水族箱玻璃缸外，还可用泥瓦盆、陶瓷缸作为家养的容器，其形状要求以上口宽敞、深度不大、体积不可过小为原则。这种容器不透明，只能由上向下看，故对容器的色彩应有所选择，外壁色彩花纹可以不拘一格，但内壁必须是单色的，或青或蓝或黄，愈浅愈好。如天津、北京产的泥瓦盆，式样像平鼓，上口大于底部，中部稍微圆鼓，缸身有虎头花纹，外观大方；宜兴陶缸，产于江苏宜兴丁蜀镇，式样如花盆，外表雕有花鸟走兽纹彩，涂有黄釉，内壁本色或涂白釉，美观雅致。金鱼的天然美韵，在鱼盆的背景衬托下，愈发显得优雅大方、悦目怡心。

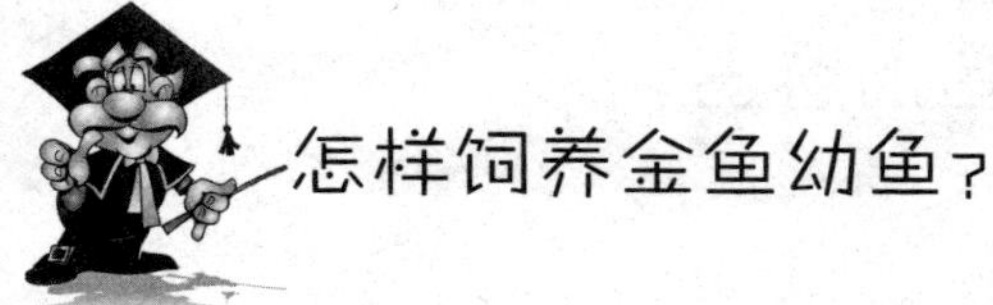

怎样饲养金鱼幼鱼？

饲养好金鱼的幼鱼，对金鱼今后的成长发育极其重要。由于金鱼幼鱼正处在骨骼发育阶段，如果饵料环境等条件适宜，金鱼骨架就能得到充分地发育，成年后个体发育完全；反之，会出现鱼体瘦小，形态不正的现象。鉴于此，我们应从以下六个方面做好幼鱼的饲养工作：

一、个体选择

通常选择那些作为种鱼的苗鱼进行饲养，劣质苗鱼或品种不佳的苗鱼应视情况进行淘汰。

二、合理的放养密度

由于幼年鱼的生长速度高于成年鱼，故幼年鱼的放养密度应视其品种、个体、饵料供应状况、气温的升降变化等，不断进行调整。一般要求水面宽敞、水溶氧充足、放养密度适中，这样有利于幼鱼的活动和觅食，也保证了幼鱼的充分成长。

三、适时换水

幼鱼的换水工作极其重要。观察鱼体沉浮情况，发现浮头立即注入新水或换水，更新水质，确保水体溶氧充足。但是换水切忌过勤，一般夏、秋天，7～10 天换一次水，盛夏 3～4 天换一次水，冬季可适当延长。

四、合理喂养

金鱼摄食广泛且贪吃，幼鱼尤为明显。因此，应注意把握好投食分寸，控制好投食量。投食前后都应特别观察金鱼的摄食过程，如是天然饵料，吃完一次再投一次最好；人工合成饵料，考虑到它的胀性，喂到 7～8 成饱即可。

五、防病治病

幼鱼患病情况如成年鱼一样，多见于黄梅季节前后和中秋季节，以白点病、肤霉病、烂鳃病为多见。故上述发病季节应特别注意。尤其是水质变化、气候变化时应适时换水，变换饲养方法，促进鱼体生长发育。同时可在每次换水时适当用盐或敌百虫进行泼洒防疫。

六、小苏打溶液浸泡

水质的酸碱度，对鱼体的代谢有着一定的影响。在酸性水体中金鱼的代谢机能降低；在碱性水体中却能减少体表和腮部粘液的分布。因此，微碱性水质，对鱼类的生长发育很有益。根据这一原理，如对金鱼采用 0.5%～1% 的小苏打作短时间的浸洗，不仅可以大大促进幼鱼的生活，增加其体重，而且对于较弱鱼还有显著的强身健体作用，对预防各种鱼病也有一定效果。

怎样给金鱼投放人工混合饲料？

养金鱼用什么饵料好？当然是天然饵料，比如鱼虫等。但是天然饵料的取得并不容易，需要花费一定的人力物力。况且现在天然饵料的产地越来越少，特别是大、中城市。加之环境污染，有些坑塘的鱼虫已无法利用。在这种情况下，发展利用人工混合饲料势在必行。

人工混合饲料，可以由工厂生产，也可以自己配制。配制时，可以根据金鱼食性杂、食谱广的特点，以麦皮或玉米粉等为植物性原料，以鱼粉等为动物性原料，其比例可按麦皮60%～70%、鱼粉30%～40%，再加些维生素、无机盐和适量的粘合剂，混合搅拌均匀，放笼屉内蒸约20分钟，取出后选用“多用绞肉机”绞制成适宜颗粒，晒干后便可使用。此外，我们还可在原料中添加各种维生素，如增加黄豆和玉米面、精面粉、蚕蛹等，减少麦皮和鱼粉的用量，使配方中成分配比多样化，使金鱼能得到充分的营养。饲料制成后怎样投放呢？

一、要掌握好投食量和时机

既要根据当时的天气变化、水质、水温情况来投，又要根据金鱼的活动情况、食欲和消化吸收情况来投。比如，天气晴暖，水温适宜时，则鱼体健壮，食欲旺盛，可以多投。连阴或闷热天气，水体溶氧量少，金鱼摄食不勤，则必须少投。水质清瘦时可多投，水质浑肥时要少投。浮过头的、患病的鱼，视情况少投或不投。投食量一般为：当年鱼投喂与其头部大小相等的量；二龄鱼约为其头部大小的1/2的量，三龄鱼则为其头部大小的1/3的量。

二、要严格控制投食时间和次数

每日一至二次，时间应选在换水后或早晨、午间气候较凉爽的时候进行。夏秋季节金鱼的生活机能正常，经常游动，摄食量较大。而冬季初春季节金鱼的生活机能大为减弱，大部分时间沉于缸底，游动少，食量小，只喂平时食量的1/4～1/3就够了。如果水温在5℃以下，金鱼基本上潜伏不动，进入冬眠状态，那就不用喂饲料了。

三、需要注意的事项

1. 在投食前，一定要检查饲料的质量，看是否有霉变，颗粒大的要研碎或拣出。

2. 投食后，要注意观察一下金鱼的摄食情况，不能一投了之。

3. 由于人工饲料有一定的胀性，因此要严格控制食量。吃剩下的鱼食应及时清除，不宜在缸内过夜，以防缸水变质。

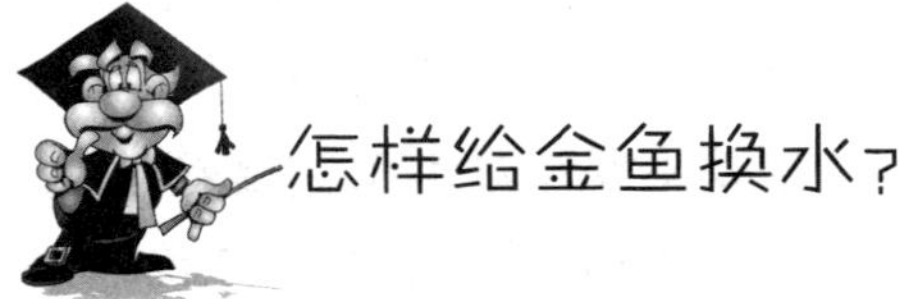

怎样给金鱼换水？

俗话说“养鱼先养水”，“养水”实际上就是换水。但换水，并不是随随便便，想换就换的，而是有节制、有要求、科学地换水。换水不及时或者换水过勤，都不利于金鱼的生长，有时还会威胁到金鱼的生命。

那么，怎样给金鱼换水呢？

一、要明确换水的目的

换水的目的主要是为了保持养鱼水体的水质，防止其污染和变质，给金鱼提供一个舒适安全的生活环境。一般说来，油绿而澄清的水，是养鱼的好水，行家们称之为“老水”。在这种颜色的水体中，浮游硅藻较多，是金鱼很好的辅助饵料。腐败分解的有机质少，溶解氧充足。用此水养鱼，有鱼体健壮、色泽滑亮的效果。但是这种“老水”使用时间长了，就会因为缸中污物、残饵清除不及时、不彻底、溶解氧减少，而导致缸水发浑、发臭，这时如不及时换水，金鱼就会出现病状，甚至死亡。

二、要把握换水的时机

隔多长时间换1次水，主要根据当时的气侯条件来确定。除此还要看鱼缸的大小、放养密度、水质变化等，总的原则是力争减少换水次数，认真换好每一次水。比如冬季，由于天寒，鱼缸水温低，金鱼摄食量少、游动缓慢，水质不易败坏，如无特殊情况，可不用换水；而在夏季，天气炎热，则应每周换水一次；其他季节，视情况两周左右换一次水即可。换水时，应选择天气晴朗的时候。夏季应在早晨7~8时，春秋两季则以午间为好。

三、要掌握换水的方法

换水时，先将缸中的金鱼全部捞至相邻的鱼缸中，然后将腾空的鱼缸彻底打扫干净，注入新水，再将金鱼放回去即可。需要注意的问题是，新水的温度与老水的温度应尽量相等，温差不要超过1℃。温差过大，金鱼易受刺激，对金鱼生长不利，严重的还会影响金鱼体质。正确的办法应该是，在换水前一天，将自来水注入空闲的鱼缸，静置24小时后再使用，这就是所谓的“晾水”。“晾水”的意义不仅在于能减少新、老水温的温差，而且还能起到增氧和逸出原有氯气的作用。

总之，换水是养好金鱼的重要环节，必须严格按照要求和规定程序来办，不能怕麻烦，否则，养好金鱼只能是一句空话。

金鱼生病了，怎么办？

金鱼长期生活在人为的优越环境中，犹如温室里的花朵，十分娇弱。一旦饲养管理不善，金鱼就可能生病。那么怎样判断金鱼生病了呢？我们知道金鱼喜群集游动，健康的金鱼常常追逐嬉戏，沉浮自如。当发现鱼池或缸里有一尾单独在水面浮动的金鱼，且精神呆滞、食欲不振，走近或轻拍鱼缸才沉入水底，不久又在水面浮动，可以判断这条鱼十有八九身体不好。这时就需要仔细观察这条鱼究竟得了什么病，然后对症下药，进行必要的护理和治疗。

引起金鱼生病的因素很多。有的是因水质不良或管理不当而引起的，例如在换水时，水温较低的水直接冲击鱼体，造成鳍鳞充血；或操作粗心，擦伤鱼体而引起局部溃疡等。这些鱼没有传染性，治疗也较容易。一般只须用红汞涂擦患处，或把病鱼放入 2% ~3% 的食盐水中浸浴 10 ~ 15 分钟后，再过洗入池。隔日一次，不久便可痊愈。但大多数金鱼生病的原因是细菌、寄生虫等病原体侵染鱼体。那么金鱼生了这类病，该怎么办呢？

首先，要把病鱼捞出，做好隔离工作。因为这类病有较强的传染性，需对鱼缸进行消毒并彻底换水，切断此病的传播途径。

其次，要学会一些金鱼常见病的识别和治疗方法。家庭养鱼中最常见的侵染性鱼病有烂鳃病、白点病和肠炎病等。下面就这些病的病因及其防治方法作一简单介绍。

一、烂鳃病

引起金鱼烂鳃有两大原因：一是寄生虫的寄生；二是细菌的侵染。区别的方法：只要把鱼的鳃盖轻轻翻起，若鳃丝溃烂或被腐蚀成一个个圆形小洞，则属于细菌性烂鳃病；若鳃丝上出现许多肉眼清晰可见的灰白色小点或瘤状胞囊，则可确定是粘孢子虫引起的寄生性烂鳃病。治疗方法：前者可在每 5 千克水中投放食盐 50 ~ 100 克，浴洗病鱼 10 分钟。亦可用青霉素药液以注射器直接喷洗鳃片，每天一次，数天后即愈。后者可在 5 千克水中投放 0. 3 克晶体敌百虫，浴洗病鱼 10 分钟，隔日一次。也可用镊子把白色小点或胞囊夹除，再用淡食盐水冲洗鳃部。

二、白点病

此病是由小瓜虫侵入鱼体所致。病鱼身上和鳍条上布满白色小点，鱼体消瘦，停食少便。发现这种情况，可在 10 千克水中加入 1 毫升的红汞，浴洗病鱼，隔天用药。同时加强光照，一周后可见白色胞囊逐渐脱落，病情日见好转。

三、肠炎病

病鱼尾部常常拖着一条白色线状粘液，肛门红肿，这是患细菌性肠类的征兆。此病主要是吃了腐败变质的饵料引起的。治疗应以杀菌消炎为目的。可用痢特灵二小片溶于10千克水中，浴洗病鱼15分钟，每天坚持用药，一周可愈。

怎样帮助金鱼度过黄梅季节？

每年立夏到夏至这段时间，江南地区阴雨连绵，天气闷热，湿度高，气压低，光照又少，俗称“黄梅季节”。这样的天气适宜于细菌和某些寄生虫的大量繁殖，对生活在水中的娇贵金鱼威胁很大。怎样才能帮助金鱼度过黄梅季节呢？

俗话说：“鱼儿离不开水。”黄梅季节养鱼，只要严格把握住“饲水”这一关，那么无论是气候还是病菌等各种不利因素，都是能够克服的。下面介绍几种科学管理“饲水”的好方法：

一、用“老水”养鱼

因为“老水”中不仅含氧充足，而且小绿藻丰富，是金鱼极好的辅助饵料。“老水”养鱼是克服梅雨季节天气闷热、气压极低的不利因素的一种针对性安全措施。但是用“老水”养鱼，并不是说水越老越好，或者颜色越绿越好。事实上由于每天要抽去一部分底脚，同时注入相应的新水，水色呈现一种嫩绿色。另外黄梅季节通常不彻底换水。如必须换水时，也需在新水中注入1/3的老绿水，使饲水保持嫩绿。嫩绿色的饲水，是金鱼黄梅季节理想的水域环境。

二、用自来水漂洗红虫

自来水有杀菌作用，经自来水漂洗过的红虫，既干净新鲜，而且颜色鲜红，极易引起金鱼的食欲。但黄梅季节由于天气闷热，吃剩的红虫很快死亡并随之腐烂变质，引起水质败坏，造成鱼的死亡。因此黄梅季节投喂量要适当减少，以在20分钟内鱼能吃尽为度。

三、严防梅雨水入缸

梅雨中含有大量细菌，是黄梅季节金鱼容易得病的主要因素。另外，黄梅季节不要把鱼缸置于屋檐下。否则屋檐污水入缸，加上鱼缸中的粪便和剩余饵料在阴湿闷热天气里极易腐败分解，使水质发臭，造成金鱼缺氧，出现“浮头”。如果晚上听到鱼在水面上发出“嚼水”的声响，这就说明此时金鱼严重缺氧，必须及时更换饲水，不然就容易发生“闷缸”。

四、宽水养鱼

黄梅季节已是金鱼繁殖后期。如果饲养的种鱼已经繁殖出了许多小鱼，这时必须准备足够的容器，尽量降低饲养密度。千万不要让小鱼把伏水缸也挤满了。否则一旦出现金鱼“浮头”，就会措手不及，造成手忙脚乱，甚至产生“全军覆没”的后果。

五、盐水浴洗，防患于未然

黄梅季节细菌滋生，感染鱼病的机会极多。有经验的金鱼爱好者，此时往往不是等金鱼生了病才去治疗，而且事先采取防范措施，防患于未然。这里有一种最简便而又有奇效的保护性预防措施：每次换水时，事先准备好一盆洁净的陈水，在其中溶入1～2汤匙的食盐，给金鱼浴洗消毒10分钟左右，然后再放入清水中漂洗干净，最后放回鱼缸内饲养。经食盐水浴洗后的金鱼，鱼体上的病菌基本上被杀灭，再配合上述正确的饲养管理方法，那么可爱的金鱼即使在黄梅季节，也能既保平安，又保健康。

鱼身生出白色絮状物，怎么办？

黄梅季节金鱼身上有时会生出白色棉絮状的绒毛，这是怎么一回事呢？为了弄清原因，同学们不妨做一次如下实验：用小团棉花从金鱼身上粘取少许絮状物，然后采用生物课上已学过的制作显微镜临时装片的方法做成一装片，置于低倍显微镜下进行观察。这时就会发现，原来这些白色絮状物如同青霉的菌丝一样，细长而有分枝。再仔细观察，还能见到菌丝里有许许多多的孢子。其实，它也是一种真菌，叫做水霉菌。

水霉菌在闷热潮湿的黄梅天气，繁殖速度极快。在日常饲养过程中或在换水捞鱼时碰伤鱼体，水霉菌便得以乘虚而入。当水霉菌侵入伤口后，就大量吸取鱼体内的养分来营养自己并迅速繁殖生长。以后随着鱼体部分组织的坏死而逐渐侵入肌肉，向外长成绵絮状的菌丝。这是金鱼在黄梅季节里很容易感染的一种真菌性皮肤病，称之为“水霉病”，或叫“霉肤病”、“白毛病”。那么可爱的小金鱼得了这种病，该怎么办呢？下面就给同学们介绍几种大家能够做到并且也是非常有效的防治方法：

1. 由于水霉病是一种有较强传染性的皮肤病，因此当发现有患此病的金鱼时，首先要把病鱼捞出，使之与其他健康金鱼隔离饲养，并对健康金鱼进行一次淡盐水浴洗，则可避免蔓延传染。

2. 若病鱼已成龄，则可用摄子夹住棉花轻轻除去鱼体上的水霉菌丝，然后再在患处涂上红药水。隔日一次，可收到较好的疗效。

3. 浸洗病鱼。可在10千克水中溶解0.05克孔雀石绿（孔雀石绿是一种染色剂，在各地化学试剂商店均有出售）浸洗病鱼10分钟左右，并用棉球轻轻擦除菌丝。2～3次用药后即可见效。

4. 水霉病的传播途径是水。食盐能有效杀灭水霉菌。因此，黄梅季节可在鱼缸内放入1/10000的微量食盐，则能起到很好的消毒和预防的效果。

自我服务篇

怎样培养自理能力？

俗话说：“十年树木，百年树人。”由此可见，造就一个人才很不容易，虽有客观方面的原因，但更主要的是主观方面的原因。我们中学生，作为跨世纪的建设者，肩负着继往开来的历史使命，培养一定的自理能力对于自己的成才、对于提高全民素质都很重要。

中学生的自理能力主要包括：饮食起居能力、自我防卫能力、自我急救能力等等。

一、饮食起居能力

第一，学会简单的烹饪。比如烧干饭、煮稀饭、煮菜粥、炒青菜、炒肉丝等等。

烧饭先用大火烧，水烧开后用文火焖熟。一旦饭烧焦了，可把锅放在冷水里浸一下或在饭中插上一段葱白以减轻焦味。

炒青菜要用大火炒，放入生姜末会更美味可口。炒肉丝时也应用大火，滴入适量绍酒，加入葱、姜、酱油、白糖。炒荤菜时最好用素油，炒素菜时用荤油，营养会更全面。

第二，学会布置并整理自己的卧室。如叠被、晒被、扫地、擦窗户等等。

第三，学会自己洗衣服。洗衣服的时候注意洗净领口、袖口这些特别容易脏的地方。

二、自我防卫能力

我们中学生很有必要培养一点自我防卫能力。要锻炼身体，强健体魄，注意培养临危不慌的品质，平时应谨慎。比如，一个人在家，听到敲门的声音，可以先从猫眼里往外看，辨认来人是否认识。若是生人不必开门；如果来人不怀好意，可以佯装喊父母或说父母在隔壁邻居家以吓走来人。

三、自我急救的能力

1. 上课时鼻子突然出血。

（1）左鼻子出血，立即向上举右胳膊；右鼻子出血，向上举左胳膊。

（2）用干净的棉花球塞住出血的鼻孔。

（3）用冷水击拍额头或用冷毛巾敷在额头上。

2. 腿肚子抽筋。

（1）用力绷直抽筋腿的脚背，过一会儿，症状即可消失。

（2）用手按摩、挤压腓肠肌（小腿肚）。

（3）热敷。用热水袋放在腿部抽筋部位。

3. 晕厥。

发现自己要晕倒如眼发黑、眼冒金星时应立即平卧，头位低、脚位高。不要恐慌，做深呼吸，躺十分钟左右，再慢慢起来适应一下，喝点热茶或糖开水即可。如因饥饿引起，应及时进食。

四、伤口较大出血不止

1. 适当用创口贴之类封住伤口。

2. 再用干净纱布或手帕放在伤口上压紧。

3. 立即到医院进行进一步处理。

怎样正确地洗脸、洗手？

洗脸是人每天都要做的事，但洗脸不是一项简单的例行公事，它的方法的正确与否决定着你皮肤的好坏程度，假如你在乎自己的肤质，就该好好认真对待洗脸这项既简单又复杂的工程了。

我们的脸部有一层保护膜，就青少年而言，洗脸时只需用清水冲洗即可，无须使用任何洗面产品。如果喜欢用清洁用品，那么就要注意以下事项：

首先是选择清洁用品，应该选择清洁性适中的产品，若过度洗去油脂，常常会造成皮肤太过干燥和敏感。当发现脸部出现发红、脱皮，对于平常惯用的保养品也会过敏时，就要检查一下洗脸用品是否太过刺激，否则过度清洁不但无益于肌肤健康，而且致使过于干燥的肌肤容易生成小细纹。

而一般人常有错误的观念，以为洗面皂比洗面乳洗得更干净些，其实发泡性并不等于清洁力。清洁产品的形态很多，洗面乳、固态的洗面皂、凝胶与慕斯等清洁用品，并无法单就清洁产品形态的不同来区分清洁力的强弱，泡沫的多寡或泡沫触感的绵细与否也与清洁力或刺激性并无直接相关，所以，依清洁产品的成分来区分清洁力的强弱才是正确的方式。有时过多的泡沫可能是皂性或介面活性剂太强，甚至会对肌肤产生伤害。

夏天天气热，容易出汗，汗水会带出较多油脂分布到脸上，而正是青春痘生成的原因。预防青春痘生成可从基础的洗脸做起，所以油性肌肤可选择清洁力中等的洗脸产品，一天最多使用洗面剂洗脸三次。如果真的油脂太多，可以用温水洗脸，降低油腻，温水洗净后再用冷水泼一泼收敛毛孔。但还是要小心不要清洁过度，否则表皮的弱酸性保护膜被洗净，抵抗力变差使细菌容易侵入，痘痘可能因此更猖獗。

身处炎热的亚热带气候，大部分的人都是混合性的肌肤，洗脸时可从较油的T字部位洗起，动作要轻柔，不要过度按摩，免得刺激肌肤。使用洗面乳清洁脸部肌肤时，可将洗面乳在干净的手掌中搓揉起泡后，均匀按摩至脸上，让洗面乳在脸部停留1～2分钟就可冲洗干净，洗得太久反会造成过度清洁的反效果。

许多人以为用热水洗脸才干净，其实是很不正确的观念。洗脸时的水温以微温或冷水较为适当，水温过高会刺激油脂的分泌，反而造成越洗越油的反效果。冷水洗脸对皮肤健康是很好的，可以骤然收紧毛孔，缺点是不利于清洁毛孔，但皮肤会比较光滑。

接下来我们说一说洗手。手是人体的“外交器官”，人们的一切“外事活动”，它都一马当先，比如从事各种劳动、倒垃圾、刷痰盂、洗脚、穿鞋、搽大便等，都要用手来完成。因此，手就容易粘染上许多病原体微生物。

有下列情况要洗手：饭前饭后；便前便后；吃药之前；接触过血液、泪液、鼻涕、痰液和唾液之后；做完扫除工作之后；接触钱币之后；接触别人之后；在室外玩耍沾染了脏东西之后；户外运动、作业、购物之后；抱孩子之前；与患者接触后、接触过传染物品的更要经过消毒反复洗；触摸眼、口、鼻前要洗手；戴口罩前及除口罩后应洗手；接触公用物件如扶手、门柄、电梯按钮、公共电话后要洗手；从外面回家后要洗手。

洗手打开水龙头后，流动的水冲洗手部，应使手腕、手掌和手指充分浸湿；打上肥皂或洗涤液，均匀涂抹，搓出沫儿，让手掌、手背、手指、指缝等都沾满，然后反复搓揉双手及腕部。整个搓揉时间不应少于30秒，最后再用流动的自来水冲洗干净，直至手上不再有肥皂沫儿为止。一般情况下，应照此办法重复2～3遍，以保证把全部脏东西去除。触摸过传染物品的手，洗时更要严格消毒，至少应照此办法搓5～6遍，使“保险系数”更大一些。再用清水冲洗，冲洗时把手指尖向下，双手下垂，让水把香皂泡沫顺手指冲下，这样不会使脏水再次污染手和前臂。

在这个过程中，有三个环节不能忽视：一是要注意清除容易沾染致病菌的指甲、指尖、指甲缝、指关节等部位，务必将其中的污垢去除。二是要注意彻底清洗戴戒指等饰品的部位，因为这样的地方会使局部形成一个藏污纳垢的“特区”，稍不注意就会使细菌“漏网”。三是注意随时清洗水龙头开关。因为洗手前开水龙头时，脏手实际上已经污染了水龙头开关。开关处也要用手打上肥皂沫儿摩擦一会儿，再用双手捧水冲洗干净，然后再关水龙头。如果用的是“脚踏式”或“感应式”开关，则省事多了。

手洗净后，一定要用干净的个人专用毛巾、手绢或一次性消毒纸巾擦干双手，并勤换毛巾。如果用脏毛巾或脏手绢，甚至用衣襟擦手，实际上会造成“二次污染”。有的洗手间置有“自动干手器”，洗净后及时把湿手烘干，当然更好；如果上述条件都不具备，让湿手自动“晾干”，也不失为一种好办法。

怎样选用合适的牙膏？

牙膏是我们每天必不可少的生活用品，由于组成成分不同，各种牙膏有不同的效用。因此，在购买牙膏时，应根据自己的需要在了解牙膏的基础上挑选，以发挥牙膏的最大效用。

1. 如果患有龋齿、牙齿磨损、牙龈萎缩、牙根暴露、牙结石、口臭等病，就应该选用含氟的牙膏，它具有明显的抗酸腐蚀作用，还可以减低口腔内酸类细菌的活动。这类牙膏如北京的“洗必太”牙膏等。但应该注意的是，使用这类牙膏，刷牙后，一定要把口中残留牙膏漱净，因为如果氟离子浓度过大，对牙齿反而有害。饮水中含氟较高，就不必使用这类牙膏。

2. 如果牙齿对冷、热、酸、甜过敏，可选用含有氯化锶的牙膏。如“脱敏”、“康尔齿”牙膏。

3. 如果患有龋齿、牙周炎、口臭等病，可选用含硅的牙膏。它在口腔里的作用长达 10 小时，能在牙齿表面形成比较牢固的保护膜，可以防止细菌的积聚，阻碍牙垢的形成，有一定抗菌、抑制细菌的功效。

4. 牙齿有常见的多发病，或牙齿表面和牙缝间有褐黄色素，可选用加酸牙膏。如有牙锈，可挑选含磷的牙膏。

5. 牙垢过多，牙龈出血可以使用胺盐牙膏。这种牙膏能杀菌，促进肉牙组织增生，加速创面愈合，防止牙垢沉积，减少对牙龈的刺激，对牙齿沉淀的有色素有清洁能力，能清除口臭，对抑止细菌生长、防治牙龈出血也有益处。

6. 商店里常看到“芳草”、“两面针”、“芦丁”等牙膏，这是我国特有的中草药物牙膏。这类牙膏有消炎镇痛、消除口臭等作用，对治疗牙齿磨损、牙周炎、牙痛等病都有很好的效果。

7. “连翘”、“雪莲”等牙膏，对流感病菌有抑制作用，疗效较好，既能防治感冒，又能治疗气管炎。

总之，要根据自己的情况，挑选所需要的牙膏。

怎样正确地保养指甲？

一、千万不要特别修剪指甲两侧

许多人喜欢把指甲修得很圆，如果指甲长度不足，往往会修到指甲的两侧。这时候指甲和侧面的甲皱（也就是指甲旁边的侧肉）会产生空隙，指甲的母细胞侦测到这种讯息，下次指甲会往侧边再生长多一点，而形成指甲嵌入（当甲），造成严重的疼痛反应。此时病患往往在更特别修剪此一区域，形成恶性循环。

事实上，应该要赶快擦消炎消肿的药膏，避免修剪此一区域。想避免当甲，拔指甲不是一劳永逸的方法，应先从剪对指甲开始。

二、指甲勿留过长

太长的指甲往往容易不知不觉地勾绊到东西，而造成指甲和甲床之间受伤，指甲会和甲床产生分离，由于有时候勾绊到并不会有明显的疼痛反应，造成受伤而不自知。不过指甲有修护能力，只要不再受伤，分离的情形会慢慢解决。但是如果反复勾绊而不自知，反复受伤，要复原就很难了。所以指甲不要留得过长为宜。

三、涂指甲油及使用去光水的次数，不宜过度频繁

就像过度清洁一样，指甲反复涂抹指甲油和去光水，由于其内所含的溶剂，容易让指甲的硬角质受伤，变得脆弱无光泽，而一味以指甲油遮掩，只会让情况更严重。

四、涂护手霜或护甲霜一定要涂指甲的周围，而非只涂指甲上

指甲是硬角质，受伤不易修护，必须靠甲母细胞源源不断长出新的好指甲取代旧有的坏指甲，所以如何保持指甲母细胞的健康远比指甲本身来的重要。

五、避免反复碰水和清洁剂

除了指甲会受伤以外，指甲的近心端的甲肉上有指甲母细胞，如果连这个地方也受伤，不仅指甲变丑，持续长出的指甲也会变丑。要尽早就医，阻断这一恶性循环。

怎样正确地洗澡、洗头？

洗澡是保持个人卫生的一种重要方法，并且洗澡对保持身体健康也能起到很好的作用。专家提醒，洗澡次数增加及不正确的洗澡方式是导致皮肤瘙痒症增多的最主要原因，因此，要远离瘙痒，最关键一点是掌握正确的洗澡方法。一些科普文章建议，一周只能洗一两次澡。专家认为，只要方法正确，即使天天洗也是可以的。

据介绍，人的皮肤表面有一层薄薄的“皮脂膜”，它是由分泌的油脂、汗液和皮肤细胞碎屑构成的，对皮肤起着保护作用，并让皮肤看上去有光泽。冬季皮肤干燥、缺水、瘙痒，就缘于这层皮脂膜受到了破坏。正确洗澡的方法，应该是在清洁皮肤的同时不破坏皮脂膜。

首先，如果是淋浴，一定要调好水温，以免烫伤或者水太凉而引起感冒，另外洗澡时用过热的水，容易使皮肤变得干燥；如果是池浴，在放洗澡水的时候，一定要先放冷水，再慢慢地放热水，然后用手试试温度，以免烫伤自己。

水温应在40 ℃～50 ℃，比体温略高，不感觉烫。水太烫会破坏皮脂膜，造成皮肤微小的损伤，加重瘙痒。

其次，如果是天天洗澡，每次5～10分钟就可以，不要超过30分钟。推荐盆浴或木桶浴，这是因为泡在水里能促进皮肤吸收水分，并且能加快血液循环，改善皮肤代谢。洗澡时，不要用力搓，以免造成皮肤损伤，加重瘙痒。另外，老人盆浴，水位不要超过心脏水平。可以将两把淀粉或燕麦煮开，放进浴缸里，浴后不要冲洗。淀粉浴和燕麦浴可以安抚皮肤，降低皮肤敏感度，保护皮脂膜，减轻皮肤瘙痒。

再次，尽量选中性或弱酸性的沐浴露，不要用碱性的香皂、肥皂。判断酸碱性，看商品说明就可以。冬季洗澡，如果不是特别脏，可以不用沐浴露。

最后，浴后一定要在皮肤没干透的情况下搽乳液，除了腋下、腹股沟，全身都要抹。小腿、腰、臀和前臂皮脂腺最少，最容易发生瘙痒，要多抹或反复抹。由于浴后乳液保湿作用只有一两天，因此即使不洗澡也要记得涂抹。

接下来我们谈一谈洗头。洗头，将一头的灰尘洗去，闭上眼睛任凭发丝随风舞动，享受发间的隐约清香……真的是一件很惬意的事情。我们每天都在洗头，可是，你真的会洗吗？下面就来教你如何正确洗头。

一、预备洗

预备洗的方法就是用大量的水冲洗头发。这样做的目的，是要洗掉残留在头发上的灰尘、脏东西、头皮屑等等。可以减少洗发用品的使用量，降低对头发及头皮的损伤。

二、正式洗

正式洗时就要用洗发用品清洁，怎样将洗发精放到头发上，就有些讲究了。把洗发精直接往头顶上一倒就洗起来了，这样容易造成头顶部位的洗发精浓度过高，不容易洗净，时间一长头皮会有伤害，甚至有可能头顶部位的头发因而较为稀疏。正确的方法是，先将洗发精倒在手上，再滴一些水在上面，轻轻搓揉，让洗发精开始发泡后，均匀涂抹在头发上。洗头时不要用指甲抓头皮，应该用指腹部分，这样可以避免伤害头皮，双手是以锯齿状或画圆圈的方式来洗头，这样可以达到按摩头皮、促进血液循环的目的。彻底洗净之后，再用大量的水将洗发精完全冲洗掉。有人认为热水的溶解力较佳，所以用很热的水来冲洗头发。可是别忘了热水也会伤害头皮，如果害怕洗发精残留，用温水多冲几次也可达到目的，不一定要用很热的水。

三、护发

现在的洗发精干净力强，有时连头发所必需的油脂都洗掉了。而润发的目的，是要补充被冲洗掉的油脂，增加光泽，使头发容易梳理。使用方法如下：取适量的润发剂放在手上，先由发际着手，从发根开始涂抹，再顺势往头发末端涂抹，尽量涂抹均匀。涂抹完毕之后，用大量清水冲洗，直到粘稠感消失为止。在这里要强调的一点就是，并不是每次洗完头发就要润发。过度的润发，会造成头发油腻，通常是在过度吹整头发，或者冬季温度湿度低，造成头发破坏的时候，才需要润发。

四、干燥

刚洗完的头发是处在最容易受损的状态，所以我们要尽快地吹干头发。首先要用毛巾吸掉多余的水分，方法是将毛巾包住头发，轻轻地拍，千万不要用力揉或者让头发互相摩擦。接着再用吹风机吹干头发，吹风机的温度应该设定得低一点，风力设定得弱一点。尽量远离头部，并且要小幅度晃动，避免固定在同一个地方吹，同时用另一手去翻动，如此风才能吹到头发深处，连头皮也能充分干燥。另外，梳头的梳子也要注意，尽量要使用间隙较宽、头较宽的梳子，以免伤害头发及头皮。

怎样正确地刷牙及保护牙齿？

日常生活中，人们虽然每天都刷牙，可是有相当一部分人不懂得刷牙的学问，所以学会正确刷牙对保持个人的口腔卫生极为重要。

牙分牙冠、牙颈和牙根三个部分。牙冠即我们能见到的部分，是牙露于牙龈以外的部分。牙冠表面覆盖有一层釉质，釉质是人体中最坚硬的组织，硬度近似石英。牙根是嵌入上、下颌骨牙槽突内的部分。牙根表面包有一层牙骨质。牙颈是介于牙冠和牙根之间的稍细部分，外包牙龈。牙主要由牙质构成，内部的空腔称为牙腔。活体牙腔内充填有结缔组织、神经和血管，合称为牙髓。血管和神经由牙根尖孔出入。患有龋齿时，当细菌腐蚀釉质和牙质进入牙髓腔，刺激神经，则疼痛难忍。

要保护好自己的牙齿，就要持之以恒地做到以下几点：

1. 要养成良好的刷牙习惯。饭后用温开水漱口，早晚各刷牙一次。刷牙的次数不能太多，多了反而会损伤牙齿，刷牙的时间也不宜过长。刷牙要注意正确的方法：顺着牙，竖着刷，刷完里面再刷外面。不可横向来回用力刷，否则会损伤牙龈。

2. 平时要注意牙齿卫生，保护好牙齿。平时要少吃糖果。尤其是临睡前不要吃糖，预防龋齿。此外，要注意平时的卫生习惯，不咬手指头，不咬铅笔头等异物，不用舌头舐牙齿。

3. 如果牙齿有病，应及时就医。遇有蛀牙、坏牙，应予以修补或拔除。

刷牙不仅维护牙齿健康，也是保持口腔清洁的主要方法，它能消除口腔内软白污物、食物碎片和部分牙面菌斑，而且有按摩牙龈作用，从而减少口腔环境中致病因素，增强组织的抗病能力，刷牙对于预防各种口腔疾病，特别是对于预防和治疗牙周病和龋病等，具有重要的作用。

一般有三种比较好的刷牙方法：

一、竖刷法

将牙刷毛束尖端放在牙龈和牙冠交界处，顺着牙齿的方向稍微加压，刷上牙时向下刷，刷下牙时向上刷，牙的内外面和咬合面都要刷到。在同一部位要反复刷数次。这种方法可以有效消除菌斑及软垢，并能刺激牙龈，使牙龈外形保持正常。

二、颤动法

刷牙时刷毛与牙齿成45度角，使牙刷毛的一部分进入牙龈与牙面之间的间隙，另一部分伸入牙缝内，来回做短距离的颤动。当刷咬合面时，刷毛应平放在牙面上，作前后短距离的颤动。每个部位可以刷2~3颗牙齿。将牙的内外侧面都刷于净。这种方法虽然也是横刷，但是由于是短距离的横刷，基本在原来的位置作水平颤动，同大幅度的横向刷牙相比，不会损伤牙齿颈部，也不容易损伤到牙龈。

三、生理刷牙法

牙刷毛顶端与牙面接触，然后向牙龈方向轻轻刷。这种方法如同食物经过牙龈一样起轻微刺激作用，促进牙龈血液循环，有利于使牙周组织保持健康。

刷牙要动作轻柔，不要用力过猛，但要反复多次。牙齿的每个面都要刷到，特别是最靠后的磨牙，一定要把牙刷伸入进去刷。如果将前面的几种方法结合起来应用，则效果会更好。每次刷完牙，如果不放心，还可以对着镜子看一看是否干净了，只有认真对待，才能保证刷牙的效果。

另外，刷牙时最好采用温水（水温35℃左右的水）刷牙。如果刷牙或漱口时不注意水温，长期用凉水刷牙，就会出现牙龈萎缩、牙齿松动脱落等现象。温水刷牙还能有效减少牙刷刷毛对牙龈的刺激，有效避免牙龈的出血。经常给牙齿和牙龈以骤冷骤热的刺激，则可能导致牙齿和牙龈出现各种疾病，使牙齿寿命缩短。牙齿的寿命要比人体的寿命短，其根源是出在“凉水刷牙”这一习惯上。

床单上有了尿渍，怎么办？

学生应该具有良好的卫生习惯，尤其应该具备一定的生活自理能力。讲究卫生是学生日常行为规范之一，在寝室内，置物有序，床铺整洁，这也是一种文明行为。如果有时不小心将尿渍印在床单上就显得很不雅观，需要我们动手清洗床单了。

怎样除掉床单上的尿渍呢？有人喜欢用热水或开水来洗，以为这样洗得干净，其实不然。因为太热的水，会使尿渍中的蛋白质凝固在床单上，不易洗掉，时间长了，反而会使床单发黄。蛋白质不溶于水，也不溶于洗衣粉溶液，但它在盐水中却能很快地溶解。根据这一特性，只要将有尿渍的床单先在5%～10%浓度的盐水中浸泡揉洗一下，再用洗衣粉洗涤，便可除去尿渍，如有异味。也可用热水烫一下。

在清水中加入几滴10%的氨水，搅拌均匀，将沾有尿液的床单或衣服浸入，反复搓揉以后，再用清水漂洗，也能除去尿渍。也可将生姜捣烂，撒在尿渍处，沾水搓擦，然后用毛巾蘸冷水擦洗，即可不留痕迹。若用淘米水或豆浆水洗，效果更佳，具有漂白作用。

一般漂洗过的床单或衣服上还残留着肉眼看不见的氨和洗衣粉末，这些残留物会刺激人的皮肤，要清除这些残留物，可以在清水中滴几滴醋，便可洗掉，去除异味。

如果床单的质地较厚实，尿渍面积不大，只需将沾有尿渍的部分用以上方法清除。

另外，床单作为床上用品，要平整洁净，因此在洗涤过程中要慢慢搓揉，不可性急，拼命硬搓，会损坏织物的纤维。洗衣粉应先用温水化开，不要太多，洗一床床单三汤匙洗衣粉即可。脏床单应在冷水中浸泡一小时再用洗衣粉洗涤，漂洗干净的床单用热水（不要用沸水）过一遍，不仅能去掉异味，还能使床单挺括。床单一定要晒干，不能阴干，阴干不能杀菌。

有了尿渍要及时清洗，不要拖得太久。太脏的床单难洗，费时费力。如果尿渍一次洗不干净，以后就会留下脏斑、泛黄，所以洗床单要耐心仔细，这也是培养我们生活自理能力的劳动锻炼。

鞋子脏了，怎么办？

“西装革履”往往形容人衣着讲究整洁，让人有精神饱满振作之感。但是衣服整洁的人，脚穿一双脏兮兮的鞋子，就会使人产生“头齐脚不齐”的不和谐感觉。鞋子脏了，该怎么刷呢？

一、刷除油漆

皮鞋蘸上了油漆，可在油漆没有干结前，迅速用棉球、软布条沾少许相应的油漆溶剂（二甲苯、汽油、煤油、酒精等），从油漆四周向中心（也可从一个方向往另一方向），轻轻擦 1～2 遍。如油漆已干结，可多擦几遍。再用干棉球、布条擦净油渍。然后最好先用一小块生猪油（肥肉、生猪皮均可）反复擦拭几遍，所擦面积要大于油漆溶剂擦拭过的面积。擦好后，将鞋放在背阴通风处晾一天，再用布条擦去猪油，涂上相应的鞋油，轻揩轻擦即可。如是胶鞋或球鞋胶底沾上了油漆，也可用软布条蘸少许溶剂迅速擦去油漆，但不宜有溶剂液滴流出。擦好后，随即再用干净布条蘸肥皂或洗衣粉抹洗。用清水冲洗后，放阴凉通风处吹干。若是球鞋面料或布鞋，可用煤油等溶剂多次擦洗。擦洗时，不能让溶剂流淌到球鞋的胶底、胶帮上。油漆擦去后，再用肥皂水或洗衣粉水洗刷。

用清水汰净后，将鞋立放在通风干燥处晾干。

二、刷除油污

若是皮鞋沾上油污，可用柔软的布条、卫生纸随即擦去。若还有油斑，可用布条蘸少许肥皂水擦拭1~2遍。再用干布擦去水分，晾干后再擦上相应的鞋油。若是胶鞋，可先用软布擦去油渍，再用肥皂水抹洗，清水冲洗后，放阴凉通风处晾干。若是布鞋或球鞋面料，沾上动、植物油，一般可用洗洁精或肥皂洗刷掉。若沾上柴油、机油，可先用汽油、煤油洗刷，再用肥皂水或洗衣粉洗刷，清水汰净后，放在通风干燥处晾干。

三、沾上泥灰、出现霉点

皮鞋、胶鞋、球鞋胶底，都可用软布蘸水擦洗干净。布鞋可用清水洗刷，若还有污点，再用少许肥皂水或洗衣粉水洗刷，清水汰净。鞋面上沾上石灰而不易清洗，均可滴些酸醋在石灰斑上，再擦洗就容易了。白球鞋洗净后，为防止灰尘沾污，还可用卫生纸蒙在鞋面上，放阴凉通风处晾干。若想上白鞋粉，在鞋面晾到七成干时，揭去卫生纸，将白鞋粉均匀擦在鞋面上，再放在通风处继续晾干。

皮鞋、胶鞋、布鞋都不宜放在太阳下暴晒，也不宜放在火炉旁烘烤。否则，皮革过分干燥而易折裂，胶鞋易老化而龟裂，深色布料易褪色，白色布料易泛黄。

脚汗多的人，应勤晾、勤换、勤洗鞋。切不可人到哪儿，就把脚上不雅的气味带到哪儿。

怎样进行服饰的搭配？

服饰是服装与服装配饰的总称，它包括服装、鞋袜、手套、帽子、化妆等，服饰的搭配应与个人的个性、气质、身份相协调。在日常生活中，我们应从服装的色彩、款式以及自己的发型、配饰四个方面进行搭配，才能做到真正的仪态美。

一、服装的色彩

在服装的搭配中，色彩的表现力是最强烈的，它能有力地表达着装者的个性与情感：红色，意味着生命和热情；绿色，则充满了希望、生气；蓝色，是深远、崇高的代表；白色，则象征着高尚、纯洁。

色彩的搭配有三种基本方法：同色服饰搭配、相似色服饰搭配和主调色服饰搭配。通常全身服饰不要超过三种颜色，以一种大面积的颜色为主色，一种作为陪衬色，一种作为点缀，搭配要既丰富又和谐统一。

色彩的选择应与肤色、体形相结合。胖的人不宜穿亮色，瘦的人不宜穿暗色，肤色偏黄偏黑的应尽量避免紫色、红色。

二、服装的款式

服装的款式很多，有礼服、职业服，牛仔服等等，但不管款式如何变化，大都分为上短下长、上长下短、上短下短，上长下长四种。款式不论如何搭配，不论复杂还是简单，在穿着时应注意整体与局部的协调和统一，不能杂乱无章。款式的搭配也应与脸型、体型、风格相合。只有扬长避短，才能穿出美的效果。

三、配饰

服装适当地与服装配饰相结合效果会更好。配饰包括鞋帽、头巾、发饰、包袋等等，在服饰搭配中，如果忽视了饰物，就没有了一种和谐美。不同类型的服装，具有不同的特点与风格，饰物的搭配也应与服装的色彩和风格相协调，在色彩上不应过于复杂，也以不超过三种色为最佳。比如牛仔装应选择质地粗犷，式样豪放的服饰品，如木质耳环，革制腰带等。

四、发型

发型是服饰搭配中最重要的组成部分，发型的选择不仅关系到人的容貌，还直接反映了人的精神面貌。发型与脸型、身材、职业有着密切的关系，并直接关系到服装的整体风格，如牛仔装配以超短发型，极富时代气息，若配上大发髻，就显得不伦不类了。

合理的服饰搭配能给人以美感，一名品学兼优的中学生，不但要具备优良的成绩，还应当能反映90年代中学生的精神面貌。学会如何进行服饰的搭配，这样才能装扮出一个青春、靓丽的你。

怎样布置自己的书房？

许多家庭的住房条件有限，不能布置一个独立的书房，也没关系，可以在客厅或卧室中利用家具的组合等形式辟出一个小小的区域，只要一橱、一桌、一椅便可产生一个相对独立的阅读或书绘区。书房的大小很灵活，但布置的好与坏，却反映了一个家庭的文化，这里简单谈些布置书房的知识。

首先应选择好书房的位置，尽量不受干扰，保持相对的安静。其次是书橱、桌椅的布局和供使用的辅助设备的放置要实用、合理、方便。在书房内装饰、布置字画，花卉盆景和工艺美术品时要注意精选。

书房布置一般应考虑以下几点：

一、科学卫生

为了适合晚上使用，一般书房内应选用可调亮度的光源。为了掌握时间且不受干扰，室内还可以选用无声的电子报时钟。桌椅高低要合适，用可旋转升降靠背椅为佳。还要注意书房能通风透气，留有一点活动空间。

二、美观和谐

各种物品的摆放应大方、整齐。陈设品、花卉盆景等要精选。最好选择一些对自己有激励作用，表现个人志趣和具有独特风格的陈设品和花卉盆景。如名人名言、字画、四季常青花和本人钟爱的物品等。一切必要的用具和装饰品要与书房的整体布置协调，尽量做到色彩明暗相衬，物品和空间的轻重感恰当。摆放讲究高低大小遥相呼应，表现出主人独特的审美情趣。

三、适用方便

书房是藏书、阅读、书绘的处所，布置时既要高雅，又要适用；既要发挥功用，又要使用方便。走入书房要有轻松愉快、心情舒畅的感觉。

上述几点可供参考，但不必拘泥于此。个性、情趣不同的人对书房的布置有不同的要求，我们可根据上述一般原则并结合自己的个性特征来布置书房。

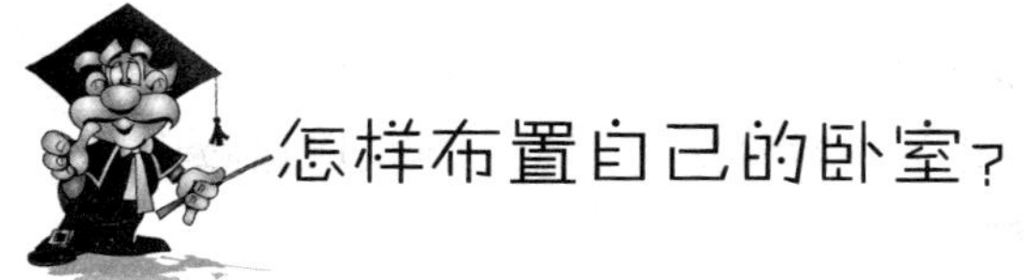

怎样布置自己的卧室？

俗话说，“一屋不扫何以扫天下”。我们学生要自觉的搞好个人服务，特别是自己的卧室一定要布置妥当才行。

卧室，总是跟诸如舒适、享受、放松等词汇联系到一起，因此，对于卧室的格局、家具的摆放都要费尽心思，但是，让卧室变漂亮的同时，千万别忽视一些健康的小讲究。

从整体格局来讲，任何一间卧室的位置都应该尽可能地远离大门。这样，从楼梯间传来的嘈杂声音才不会干扰你的睡眠；你也会觉得自己很安全，有了这种安全感，绝对能提升你的睡眠质量。同时最好让厨房和卫生间也离卧室远些，同样是为了避免无关声音的干扰。因为食物的味道对你的身体和睡眠不仅没有任何帮助，相反还可能有害。通常我们卧室的必要设施包括床、衣柜和梳妆台。

理想的状态是你的卧室很大，旁边还有一个单独的储衣室。于是所有的衣物都挂到衣架上，你就可以一目了然地选择所需的衣物。而卧室内只摆放一张床和两个床头柜，墙上最好美观一点，挂一些字画或者其他装饰物。如果卧室相对比较大，可以间隔出一个储衣柜。这个方法比买通常的衣柜便利、实用。如果你的卧室是长方形的，这种被拉长的空间很难利用。很多人试图把房间一分为二，用柜子从中间隔起来。但是，这样做也没有什么益处，因为门口的那个被隔断出来的房间黑黑的，让人感觉很压抑。这时候可以在房间长的那一面从背光处画出1.5米的距离做出一个储衣间。这个储衣间的存在使房间变成了正方的尺寸，而在正方形的房间里人会感觉比在长方形的房间舒服。在相同面积下，正方形的房间比长方形的房间看起来要宽敞。另外，有了这样一个储衣间后，你就可以不用在房间放柜子和抽屉柜了，因为它的容积要大得多。

如果间隔出一个储衣间后，还是有一个狭长的空间，可以试着用个“半透明”的隔框隔开，这样的隔框能令自然光线变得更柔和。这样做的结果是可以将卧室分隔成两部分：光线充足的工作区和有些黑暗的睡眠区。这样的分区可以在房间内创造一种舒适的感觉，还可以保障你在一天任何时刻都能获得香甜的睡眠。

床的摆放十分重要。如果你有一张加大的双人床，就要好好想想，怎么放置才能获得更多的生活空间。床在卧室摆放时要方便使用，并且是要让在床上睡觉的两个人都感觉方便。要是一个人只能通过叫醒另一个人才能下床的话，很难把这叫做“方便”。尝试一下意想不到的摆放床的方法。例如不横着摆，也不顺着摆，而是床头顶着房间一角（就是顺着一个对角线摆放）。这样，使用床的两个人可以从两个方向上下床，相互不影响。而且，在床头后的空间还可以放置一个储物柜。因为卧室的空间不大，在选择床的时候，你可以选择带有储藏箱或者抽屉的床。这样，床下同样可以放许多东西，这样的床相当于一个横躺着的柜子，可以为你节省很多空间。

目前，一般家庭的居住面积往往有限，因此改进床的结构，提高卧室的利用率，是非常重要的，可以在双人床的部位设吊柜和书架隔断，以充分利用上部空间；在吊柜中存放衣物杂品，还能节省一个床头柜。床位下部是一个很大的空间，人们习惯于堆放鞋子、杂物，如能在下部设几个抽屉，既解决了贮存的困难，又能使室内整齐干净。

书籍上有了污迹，怎么办？

图书染有污迹，既影响美观和使用，又不利于收藏。这里介绍几种去除书籍上的污迹的方法。

一、除泥斑

将有泥斑的纸页放入盛有约 70 ℃水的大瓷盘中，用毛刷或脱脂棉球在水中细心刷洗泥斑处，洗净后再放入另一个清水盘中清洗，洗后用吸水纸吸净纸上的水，晾干即可。若泥污严重，可将纸页排放在木板上，用浓度 1% ~2% 的温热的碱面（无水碳酸钠）水从纸页上端冲洗，最后用清水冲洗数次，晾干即可。

二、除油斑

去除动物油、矿物油斑，可选用苯、汽油、醋酸乙酯、四氯化碳等溶剂；去除植物油斑，可选用四氯化碳、醋酸乙酯、四氯化碳和醚 1∶1 合剂、四氯化碳和三氯甲烷 1∶1 合剂、苯与醚 1∶1 合剂、吡啶等溶剂。先在油污的纸页下垫上滤纸，然后用蘸有溶剂的棉球在油斑上挤一下，油斑溶解后即会被衬垫在纸页下面的滤纸吸收，滤纸吸油后，再换成干净的滤纸，一面的油污去掉后把书页翻过来，用同样的方法去掉纸页另一面的油斑，然后用清水将纸页冲洗干净。

三、除霉斑

较轻微的霉斑可选用 2% 氯胺 T、75% 乙醇、2% 甲醛等溶液擦除。将纸页垫在吸水纸上，用毛刷蘸取溶液涂擦霉斑，清除后再用清水冲洗，干燥即可。对较严重、面积较大的霉斑，就要进行浸涂漂白处理。先将要处理的纸页浸入水中片刻，再浸入事先备好的漂白液（如浓度0.1%～1%的漂白粉溶液、浓度0.5%的高锰酸钾溶液等）中约15～30分钟，然后水洗10～15分钟，取出干燥即可。

四、除墨水斑

蓝黑墨水斑可先用0.5%的高锰酸钾溶液浸泡半小时，然后再用0.5%的亚硫酸氢钠溶液除去紫灰色，也可用3%草酸液漂白、水洗，干燥即可。

五、除漆斑

选用丙酮、氨水、甲醇、吡啶等溶剂，或购市售油漆稀释剂，操作方法同除油斑。

在除污迹的操作过程中，应注意几个问题：①使用有机溶剂去污时，现场要严禁明火，不准吸烟、进食，最好还要准备二氧化碳或1121灭火器，以防不测；②使用有机溶剂去污时，最好在通风橱内进行，操作人员要穿工作服，戴手套等防护用品；③去污操作完成后，水洗纸页最好使用蒸馏水；④纸页干燥不要在火上烤，也不要在太阳下晒，可在阴凉通风处风干，最好采用低温干燥法；⑤对有字迹的纸页进行去污，在操作之前，可先用几滴配好的去污剂，在废书的有相同原料字迹的纸页上，对字迹的坚牢性进行试验。如墨迹未损，则可使用此种去污剂操作。

钢笔不下水了，怎么办？

同学们在学习时使用的钢笔常常出现不下水的现象，明明橡皮管里有墨水，可就是写不出来，遇到这种情况，该怎么办呢？

1. 应当检查一下，写字的纸是否受到油垢污染或沾上了蜡层，因为笔尖在和纸磨擦时，遇到了油垢或蜡，即被封住了下水通道，当然就写不出字来了。遇到这样的情况，必须更换纸张，或者用橡皮擦掉纸上的油垢，再用小毛刷（旧牙刷代替也行）蘸肥皂水刷掉笔尖上的油垢或蜡质，然后用清水冲洗，即可解决问题，无需拆卸以免造成零件损坏并耽误时间。

2. 可检查一下钢笔里的墨水是否停留时间太长，太长则墨水氧化产生沉淀物，堵塞了下水通道，如果是这个原因，即用一盆清水，把笔尖放在水面上，捏住橡皮管部分，进行一松一紧地吸水冲洗，这样反复数次，就可使钢笔下水通道畅通，书写自如。

3. 若不属于上述情况，则可检查笔尖顶端和笔尖缝是否被墨水沉淀物阻塞，如果是，可用刀片插入尖端或缝槽，把沉淀物轻轻剔除掉，再用湿小毛刷蘸水刷洗即可。

4. 如果是笔尖和缝槽装得太紧，影响钢笔下水，可用刀片从两瓣尖头正中插入，向两边轻轻拨动，使缝隙稍大。

5. 如果因笔尖和笔舌不相配，而使笔尖瓣分开影响钢笔下水，这时可将笔尖拆下来用镊子分别把它们合拢。

6. 如果因笔尖和笔舌配合得不够紧密影响钢笔出水，可将笔舌放在煤油上或蜡烛上轻慢地烘软，用力使它靠近笔尖，下水即可正常。

7. 不同墨水不可混用，因为混用墨水，会引起墨水在橡皮管内发生化学变化，造成内部积垢，引起下水不畅和不下水。吸过墨水后，必须把瓶盖旋紧，以免墨水蒸发、浓缩、变干，使空气中的尘埃在墨水中产生沉淀，吸入钢笔后，也会造成不下水。

圆珠笔发生故障，怎么办？

圆珠笔是极其方便的书写工具，但有时由于使用不当，往往会发生不下油及后尾冒油的现象，遇到这些情况该怎么办呢？

造成圆珠笔不下油的原因是多种多样的，主要有以下几种：

1. 笔的前端铜碗与钢珠的空隙因使用时间长而扩大，致使纸浆纤维或灰尘侵入铜碗缝隙中造成堵塞。遇到这种情况可先将笔端铜碗缝隙弄干净，然后握笔在玻璃板上拧转划道，使铜碗的边密贴在钢珠上，缩小缝隙，就能继续下油了。

2. 笔油内含有杂质堵塞下油孔道。遇到这种情况，可以将笔心浸在热水中或用火稍微烤一下，通过加热，使杂质熔化，就可使用。有时笔油过浓也流不出来，只要在笔孔里滴加一些稀释溶液如酒精就可以了。

3. 笔油受冷凝结影响下油。圆珠笔中的油墨主要成分是蓖麻油加颜料。天气过分寒冷，油质变得粘稠，不容易从钢珠和铜头之间的缝隙中漏出来，就会写不出字来。只要把笔芯从笔杆里取出来，放在热水里浸一会儿，或用热水浇淋一下，使油墨受热变得稀一些，就能写出字来了。

4. 受大气压影响不下油。由于笔孔尾部被堵塞，空气不能进入而不下油。这时只须用大头针将孔疏通，并在粗糙的纸上划几次就可以了。

5. 笔油内有小气泡造成不下油。这时只要用嘴从尾孔吹气就可以恢复下油了。

圆珠笔有时也会出现后尾冒油（或漏油）现象。也有几种原因和处理方法：

1. 管心内有酒精或水，灌油后，由于酒精和水的浸润作用，而使油向外溢。这时就要把酒精和水擦干。具体可以这样操作：用一根细棒，外面包上棉花伸入管心，将后尾的边上擦干净，保持干燥。

2. 笔的前端铜碗与钢珠的间隙过大，空气大量压入笔心，造成漏油，这时，可以将笔端在玻璃上拧转划道，使铜碗密贴，缩小缝隙。还可以找一支用完笔油的笔心，将上面的铜头拔下来换上，就能继续使用。

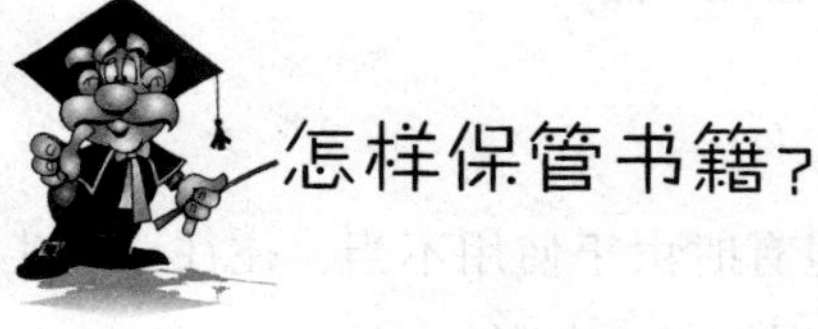

怎样保管书籍？

书籍是人类知识的海洋之舟，好的书籍不仅当时有用，而且终生乃至数代之后都极有价值，因此，这类书籍必须妥善保管。在日常生活中应怎样保管书籍呢?

1. 买到一本好书阅读后应及时上架，阅读时应爱惜，可以把书包起来，不要折卷页角。

2. 要防晒，防烤。书籍不宜被阳光直接曝晒，以免书页发黄、变脆、变色和不平整。因此，书房的窗子应配用窗帘，防止阳光直射。如果书籍不小心受潮了，应放在通风的地方晾干，千万不可放在火炉上烘烤。书籍存放的温度最好不要超过 30 ℃。

3. 保持书籍干燥。书籍纸张的主要原料是植物纤维，因而吸潮能力较强。装订的书钉受了潮容易生锈，会使书页散开，因此，书籍最好放在书橱里，不要靠近墙角、地面以及糖盐等易潮解的物品，放书处应保持干燥。最好在书橱里放些干燥剂。

4. 保持书籍的清洁。应及时清除书籍上的灰尘。灰尘不仅沾污书籍，而且灰尘中还带有霉菌的芽胞，并且灰尘本身也是昆虫藏身和繁殖的场所，极易使书籍遭受霉菌、蛀虫的破坏。

5. 要防止油污和腐蚀。存放书籍要防止油污和有色化工颜料的污染。因此，吃饭时不要看书，防止菜肴油迹污染书籍，墨水、铁锈、有色化工颜料也会使书受到严重损害，因此要使书籍远离这些腐蚀物品。

与此同时，还要解决好以下两个影响书籍寿命的问题:

一、防老化

书籍的老化变脆，并不在于存放时间长短，而在于如何处理好书页所含的酸性物质。有人发现，欧洲在 15 世纪出版的一些书之所以至今保存完好，是因为那时的纸是棉和麻布头制成的，酸碱度为中性，并含有防止酸生成的碳酸钙。现代社会中书籍大都以木材为原料，纸中的植物纤维物受到酸性水解便失去强度和黏合力，而纸中的酸主要来自于给纸上浆的硫酸铝。当纸开始受潮时，硫酸铝开始产生硫酸盐和水合氢离子，最后形成酸性物质，把纸侵蚀掉。污染空气中的氧化硫和氧化氰也会同水分或植物纤维本身反应生成酸性物。因此，防止书籍老化变脆，主要是除去纸中的酸。现在最常采用的方法是把书放在碳酸氢镁或碳酸氢钙溶液中浸润，然后晾干。这样做，可以中和纸中的酸，并防止以后再发生酸反应。

二、防虫

书籍上有时生长小虫子，严重危害了书的使用寿命。防止生虫的方法是：

1. 藏书的地方要清洁干燥，通风良好；书架、墙壁或地板上都不要有裂缝。

2. 藏书的温度应该经常保持在 20 ℃，湿度应该经常保持在50% ~ 60%之间。

3. 收藏的书籍要经常挪动一下，即使是不常用的书籍，也应该定期翻动。

4. 在书架上或书柜中，可以放些包好的卫生球。

怎样保存字画？

随着人们文化素质的提高，字画这一具有浓郁的民族特色的中国传统文化艺术，广泛地走进千家万户。在学习之余，欣赏品味一下字画作品，不但可以舒缓绷紧的神经，平静繁杂的心绪，而且能够怡养情操、娱悦身心，加深自己的文化素养。然而字画如果收藏、保管不善，常被虫咬、撕裂或发霉，为日后的欣赏、研究带来直接的影响。那么应该怎样保存字画呢？

一、字画的悬挂

字画多是用浆糊装裱在多层宣纸上的，容易受潮发霉。所以字画装裱后，不宜立即卷起来放进箱子，而应悬挂在宽敞、干燥、通风、清洁的房间里半年左右。悬挂时还得考虑几个因素：

1. 不要挂在人们经常能碰到或小孩能抓到的地方，以免字画被撕裂。

2. 字画悬挂好后，用绳子把字画的“地轴”固定在墙上，防止字画被大风刮破。

3. 字画悬挂时还得防止烈日的曝晒和被雨水淋湿。否则，字画会枯裂或发霉，并且墨色也会褪色，失去原有的神韵。

4. 不能悬挂在常有烛火的地方，以免引起火灾，以及因经常烟薰火烤而变色。

5. 要经常清除字画上沾染的灰尘。

二、字画的保管

字画悬挂半年左右，如果有了新的字画作品，就可能取下卷起，用绸带绑好，放在箱子中保存。这里也要注意这样的几个方面：

1. 字画最好放在用樟木做成的箱子里。如果箱子不是樟木做的，可在箱子里放上樟脑丸或樟脑精等，防止书虫的蛀食。

2. 箱子应放在安全、阴凉、干燥、通风的场所。

3. 每年要把字画取出来晾晒两到三次，以防止字画生霉。同时箱子也要曝晒。如果发现字画上已经有了霉斑，可用一块洁净的棉布，蘸上清水，轻轻地把霉斑擦去，再在通风处晾干并保存。

字画乃文人雅士喜爱之物，既爱之就应小心地保管、珍藏。这样就能为自己及后人留下更多精美珍贵的精神财富，使我们的生活变得充实、富有情趣。

手工制作篇

怎样剪纸？

要学好剪纸，在很大程度上，决定于能否学会并理解刀法。剪纸的刀法可以归纳为下面几种：

1. 正刀。写字从学正楷开始，写起来横平竖直，每一笔都要循规蹈距，不能自由发挥。剪纸像写字一样，开始也要先学正刀，剪起来也必须处处讲规矩，方是方，圆是圆，尖是尖，曲是曲，也必须循规蹈距地去剪。

2. 硬刀。在写魏体字时，要掌握好方笔，写出的字斩钉截铁、古朴厚重、刚健有力。剪纸的硬刀剪刻时腕掌之间有相当力度，剪起来爽快利索，线条也刚劲挺拔。

3. 绵刀。是指适宜表现柔软细长形象的刀法。但并不是软弱无力，它像书法中写篆书一样，柔中含刚，舒曼流畅。

4. 醉刀。书法中草书最灵活、最能体现书者感情，其速度时快时慢，一气呵成。剪纸中的醉刀就是不用稿子，由作者脱手操作，时快时慢，随心所欲表现出来的刀痕。它就像草书一样富有节奏感，具有很大的艺术魅力。

了解上面的四种刀法以后，就应常练习。我们只要注意一下剪纸图案，不管多复杂都是由线和面组成，而线和面又是由直线、弧线、迂回线三种线条变化而成。所以，同学们必须要进行上面三种线条的剪刻练习。

简单的练习方法是：在对折的纸上画上三种不同线条的图样，当然，也可以自己设计纹样。练习剪纸时，右手握剪，左手一定要配合好。而刻纸时要注意执刀的方法。如果练习在蜡盘上厚刻，就该先用大头针穿透层纸并把它固定在蜡盘上，然后手像执毛笔一样，刀刃向里沿图案的线条，由左向右，刻刀由上至下垂直插刻并同时用力顺势推进。而薄刻几张纸就不一定用蜡盘，可以在马粪纸、卡纸上进行。执刀要像拿铅笔一样从前至后、从左至右拖刻。

对这三种线条剪刻练习一定要反复地用剪刀、刻刀交错实践，使自己的手腕灵活自如。这样，才能为今后创作剪纸打下坚实的基础。

怎样制作灯笼？

中秋一到，灯笼走俏。若有闲暇，自己动手做灯笼也是不错的主意。做不了街面上卖的那些“大块头”，找不到什么钢丝、钢板这样的材料，那就利用竹条、宣纸、笔墨做一个简简单单的纸灯笼吧。手制纸灯笼的材料和工序都十分简单，既能设计自己喜欢的式样图案，又能使节日平添许多乐趣。

第一步，制作骨架。纸灯笼比较简单的形状是立方体或圆柱体，最好选用可以弯曲的竹枝或竹皮搭成框架，衔接的地方用细线绑紧。如果不好找，细长条状的硬纸板和烧烤用的竹签也可以，结实程度和柔韧性会有所欠缺，但摆在室内也是很不错的装潢。

第二步，制作灯身。在文房四宝店买几张白色、红色的普通宣纸或者洒金宣纸，裁成符合灯笼骨架的长宽，就可以自行设计图案了。

书法、绘画、剪纸，都可以在小小的灯笼上一展风采。糊好后，还可以用窄条的仿绫纸上下镶边，看起来更为雅致，很像古式的宫灯。如果不太擅长书画，有一个简单的办法可供参考。用一张薄纸在字帖上描下想要的字样，再将这张薄纸和深红色宣纸重叠在一起，用单刃刀片将字迹挖掉。拿掉薄纸，红宣纸上就出现了镂空的字迹。用白色宣纸做灯身，红宣纸糊在里面，烛光或灯光从镂空处映射出来，效果相当漂亮。

第三步，制作光源。如果放在室内，只需要在灯笼里点一根普通蜡烛；如果想提着出去，最好用灯泡和电池做一个简单电路。也许看起来有一点点粗糙，但在佳节里点上一盏自己手制的灯笼，定会别有一番风味。

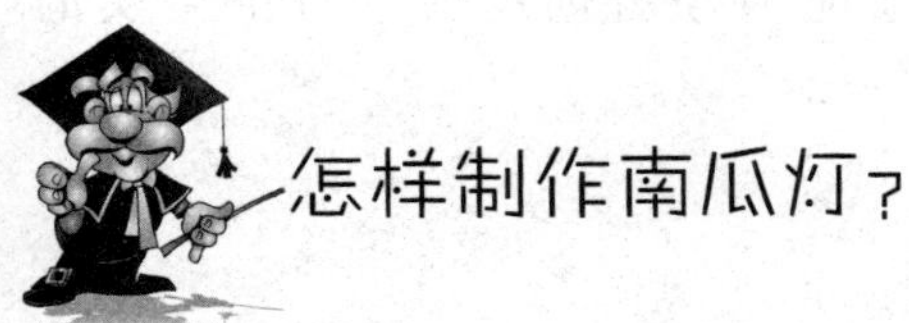

怎样制作南瓜灯？

1. 选好南瓜，最好外皮要橘黄色的，大一点、圆一点的那种老南瓜。

2. 准备好两把长形的刀，一把稍大一点的，用来削南瓜的顶；一把小一点的水果刀，用来刻眼睛等；再准备两只脸盆，一大一小，小的用来装南瓜里挖出来的籽和肉，这样不会把地方弄脏，大的用来装南瓜，把南瓜放在里面“施工”，这样不容易损坏桌子等物品。

3. 先挖顶，把南瓜的顶削一个“盖子”下来，注意要保证“盖子”的完整性，因为以后还要盖回去当帽子用的。盖子不宜太大，太大不好看；也不宜太小，太小不好掏里面的东西。

4. 挖空里面的南瓜籽，将南瓜籽丢在小脸盆里，注意不要随手丢在大南瓜旁边，容易弄脏南瓜的外皮，看起来就不干净了。

5. 画轮廓，用小刀轻轻地在大南瓜上划出眼睛、鼻子（可选）和嘴巴的轮廓。注意，要先把南瓜放正了，找准位置后再刻，最后刻出来要像一张脸。

6. 雕空，用小刀按画好的轮廓对南瓜的脸进行雕刻，把眼、鼻、口的部位雕空。

7. 用铁勺子挖肉（可选），因为南瓜都比较重，所以，如果嫌南瓜太重的话，可以准备一个铁勺子，将南瓜里面的肉挖一挖，包括南瓜顶上的“帽子”，这样可以减轻南瓜的分量，但要注意不可挖过头，不然南瓜的壁太薄了，也容易破裂。

8. 最后放个小蜡烛进去，南瓜灯就制作完毕了。当然，大白天的用不着这个步骤，只有到晚上才需要用。注意，这种蜡烛必须是那种非常矮的，外面有铁皮包着的那种，这样不会把南瓜烧坏。

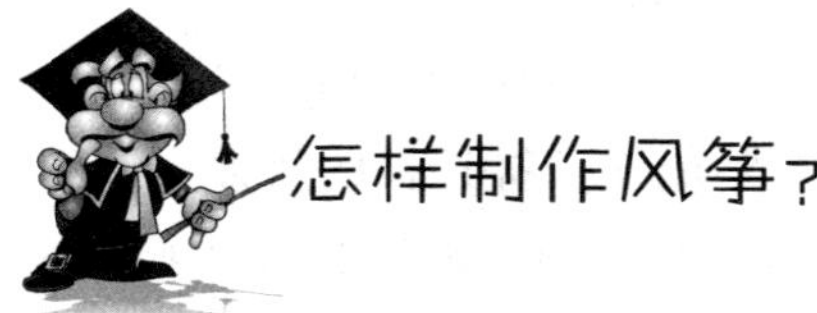

怎样制作风筝？

普通风筝的做法一般是采用竹子做骨架，纸做肉。竹子是制作风筝骨架的主要材料，选取壁厚 3 ~5 厘米的竹子削成竹片，利用竹片的韧性做风筝的骨架。根据自己的爱好制成各种各样的风筝骨架，比如蜻蜓状、蝴蝶状。

纸是蒙糊风筝的主要材料，以质薄纤维长而均匀，富有韧性，耐湿耐冲击，色泽白而洁者为佳。把纸糊在骨架上，再系上线，风筝就做好了。这时，你还可以在做好的风筝上涂上你喜欢的色彩，镶上花边，或者系上丝带，挂上纸环。但不能影响风筝在空中的飞翔，因为附件太多了会使风筝飞翔失衡。

风筝的形状主要是模仿大自然的生物，如雀鸟、昆虫、动物及几何立体等。而图案方面，主要由个人喜好而设计，有宣传标致、动物、蝶、飞鸟等。

风筝的建造材料除了丝绢、纸张外，还有塑胶材料造的，骨杆有竹篾、木材及胶棒来造。近来有人设计一种无骨风筝，它的结构是引入空气于绢造的风坑之内，令风筝形成一个轻轻飘的气枕，然后乘风而上。

中国、马来亚、菲律宾及日本等，也有一种大型的风筝。每到风筝节就将它放到蔚蓝的天空，该风筝尺码由 10～20 尺不等。骨杆则用大竹竿来造，由百多人来放。

制作风筝，首先我们准备的工具有浆糊、纸刀，材料有竹篾、纱纸条、马拉纸。

制作方法如下：

1. 首先将竹篾浸水，令竹篾软身，再用刀将竹篾破开，约 1/3 粗度，然后修半形。因为稍后要将竹篾贴在马拉纸上，如果太粗，竹篾会拉破纸张。同时竹篾太粗，纱纸条就贴不稳。将修好的竹篾裁成两条长短适当的长度，约为 16～23 寸。然后将马拉纸裁成一个四方，长约 24 寸。马拉纸是一种非常粗糙的纸张，最适合作风筝之用。

2. 接下来就可以将竹篾贴在纸上，但要记住：将长长的竹篾，用纱纸扎在短的 1/3，然后慢慢屈曲，直至长竹篾两端触到纸的对角之上，再将它贴好。

3. 下面一步就将风筝的尾巴贴在风筝的下方，较好线与风筝的角度后，就可起放了。

4. 风筝的尾巴是风筝平衡的主要工具，当风筝乘风而上时，如果一方较重，风筝就会偏向这方。尾巴最好比较长，因为越长就会使风筝头部升起，使全身受风，平衡斜的一方。

5. 风筝的丝线可以用牛皮线、棉线、玻璃线等，而线辘可分圆线辘及排辘。线扎在风筝上，要成一斜角。

怎样制作水晶珠帘？

随着人们生活品位的提高，水晶珠帘成了大家提高房子品位的装饰。在水晶珠帘店内近百种的水晶珠帘悬挂在墙上，各式各样的珠帘令人目不暇接。那么是不是可以自己亲手制作自己喜欢的珠帘呢？下面就有一个制作珠帘的方法。

制作珠帘的材料包括水晶散珠、针、珠线、金属环、虎口钳、窗帘轨道。

制作珠帘的步骤：

1. 先将珠线穿入针里，然后根据自己的设计将散珠穿入，无论造型如何，珠子间距一定要注意。

2. 将穿好的珠线打结，而且最顶端选用金属环，或者用铁环和金属环用老虎钳卡死。

3. 选用窗帘轨道，如果轨道自带吊环，轨道可以直接装订到墙上，将金属环和轨道吊环连接。如果没有吊环，可以直接将珠子卡在轨道内，效果也不错。

制作过程中要注意以下问题：

1. 水晶珠帘一般分圆珠、剖面珠和八角珠。制作门帘适合无间隔穿法，因为门帘是经常有人进出的，帘子会经常摆动，从方便的角度考虑，无间隔比较合适，圆珠可以集散和轮转。

2. 作为隔断或是装饰作用，推荐剖面珠无间隔穿法，这种用途不会经常大幅度摆动，里外透气，如有灯光效果，剖面珠更是散发特有的折射魅力。

3. 水晶珠帘的固定，最简单的方法就是打死结。但是，一定要注意打的死结不要显露，不然就不美观了。

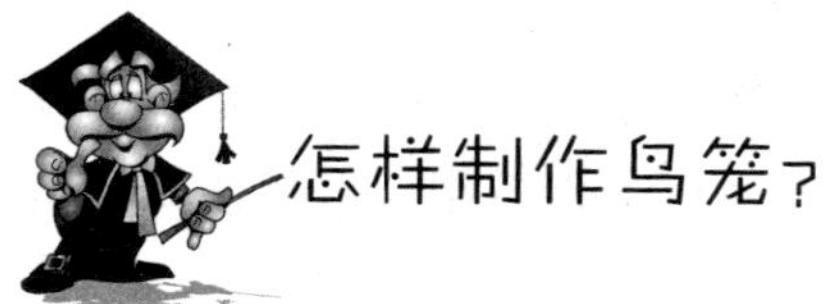

怎样制作鸟笼？

鸟笼由笼架、笼圈、笼条、笼门、笼抓、笼钩、托粪板等几个部分组成，笼内安有栖木、食罐和水罐等。我国传统的鸟笼多用竹制品，而在笼门与笼圈等处进行精工细雕，有的还镶嵌着金银珠宝等，显得极为珍贵。

制作鸟笼的工具通常包括蔑刀、刮刀、雕刀、手锯、手钻、拉条板、钢圈模、钢锉、老虎钳、一分木凿一把、一架小台钳等。

制作的材料通常是竹料、木料和金属料等。竹料常用淡竹、楠竹和水竹；木料多用楠木、樟木和核桃木；金属料多用直径不超过2.5毫米的铅丝。以竹料制作时，应选取竹节长的水竹、楠竹，使用刮刀刮去竹竿表面的蜡质层后，用蔑刀将竹竿劈成比拉条板孔稍大一点的竹条，插入拉条板孔内，以钢丝钳夹住露出的尖端，使劲地将竹条拉过板孔，反复地拉几次，即可拉成直径2～3毫米的竹条。方笼笼条稍粗些，直径约3毫米；圆笼的稍细，直径为2～2.2毫米。然后根据所需鸟笼的形状，来构制框架或制做竹圈。

1. 构制方形笼时，可用方样结构组合成方形框架，先用小刨子刨成8毫米×10毫米或7毫米×9毫米的方料4根，为构方形框架的4根立柱，以方凿或打孔机钻眼，然后，再做方框架的上方与下方横档，其粗细分别为8毫米×10毫米与8毫米×20毫米。使用胶水粘合方样，连接处用牛筋和油麻绳穿过横杠小孔，固定成方形框架。框架制好后，再打眼穿笼条，或先制成侧扇，再组合成笼。

2. 圆笼的制作较复杂，难度大，首先将笼圈加工好，这是关键。无论是底圈或顶圈，都需将竹条沿着钢圈横外侧盘卷，如不好盘时，先以水加热软化，当盘好后，连同钢模一起入水加热煮沸，待竹条软化后，用钳将竹圈逐节夹圆，使竹圈层间无间隙。再用绳子将竹圈连同钢模一起逐段捆紧，挂在背阴处凉干定型。再将制好的笼圈和笼条钻上小眼，以竹销钉将两者钉住在笼架上，用两根长笼条穿入上下横架和笼门竹板两端的孔中，使之能上下移动。再将铜制、合金铝条制、木料雕刻、大螺丝连接制成的笼抓（爪和笼钩）安装好。最后给金属笼刷上油漆，给竹制笼刷上清漆，就算全部完成。

怎样学做雕塑?

首先要确立正确的观察方法。雕塑是空间造型艺术，学做雕塑首先要准确把握“形”，而这个“形”还有别于绘画，绘画是在平面中表现一个虚假的“空间形体”，而雕塑是要在三维空间中塑造可以触摸的、实实在在的形体。比如我们要画一个南瓜，只要从一个角度去观察了解它的轮廓和光线变化就可以了，而做南瓜雕塑就要从每一个角度观察了解它，从而对南瓜有一个整体的感知，才有可能正确表现它在整个空间的形体特征，这就是雕塑与绘画在观察上的主要区别。初学者应确立空间观念整体地观察、记忆，整体地表现。

学做雕塑在实践上应该首先解决两个问题：一个是形体特征，另一个是动态特征。初学者应该从临摹一些在形体和动态上比较有特征的雕塑作品入手，逐步提高自己的造型能力。如小陶猪在形体上如同一个椭球体，我们就从塑造这个基本形体入手来临摹它，在基本形体塑造的基础上稍加些猪的特征如嘴和耳朵，小陶猪就很生动。在雕塑中把握住对象的基本形体对塑造形象来说是非常重要的。

人和动物的动态是由他们的动态线和四肢的动作构成的，在雕塑中要强调对象的动态，如一个行走着的人，他的动态线反映了头、颈、胸、臂之间的联系与相互关系，在做雕塑时一开始就要表现出来，在加泥过程中始终不要减弱了动态。一个雕塑作品是否成功，它的气势非常重要，而气势是由动态、体量、结构等因素表现出来的，动态是最重要的因素之一。当然，要真正解决形体和动态问题，还要加强素描练习，特别是结构素描的训练，用来提高自己的观察能力和表现能力。

怎样翻制石膏模具？

雕塑的泥形做好后就要把它翻成石膏像或其他材料的雕像，以便长期保存，这样就要加工石膏模具。那么，怎样加工呢？

一、翻制石膏模具的工具和材料

1. 工具：盛石膏浆的容器（小盆或大碗）一个，铁铲刀一把，分模的插片（塑料或金属片）若干。

2. 材料：石膏粉（熟）、水和一些起加固作用的纤维物。

二、翻制石膏模具的步骤

1. 插片分块。分块的目的是使模具易于从泥上拿下来而不损坏模具。先根据结构把塑像的表面分成若干块，以好启模为原则，先划线后插片。

2. 调浆制模。在容器中放入清水，然后将石膏粉加入水中不要搅动，等水被吸收到石膏面上有一层水时为最好，此时再搅动石膏成糊状，而后层层涂到泥塑的各个部分，直到预定厚度为止，但最应注意的是第一层一定要涂匀，千万不能留有气孔。

三、启模灌注

等石膏凝固（一般30分钟可凝固）就可启模。启模前先拔去所有的插片，在缝隙中加些水润滑（便于脱模），用铁铲轻轻撬动模块，先启小块后启大块。模具启下后清理干净稍晾干，接着就可翻制雕塑了。翻制前先用浓肥皂粉水将模具涂一遍便于脱模，再将各块模具重新组合在一起用铁丝或细绳扎紧，翻制石膏像的石膏浆要稀一点（能流动就可以），从下部敞开处到入石膏模具中并不断转动，使石膏浆流遍模具内各处，最好不要灌满，最后静等凝固。

四、脱模成像

对于一次性模具，用铁铲轻轻打去外模即可，若要保留模具，除分模时注意雕像不能阻碍启模外，还要按先后顺序启模，才可能完整保留模具（以备再用），翻好的石膏像还要修理，用石膏浆补好在启模过程中被损坏的部位。

怎样制作面塑用面？

面塑，民间叫捏面人，是我国的传统工艺品之一。所用原料以面粉为主，有清洁卫生、易于精细加工、色彩艳丽、造型逼真的特点。

面塑用面的制作方法如下：

一、原　料

面粉（最好是富强粉）90%

江米粉 10%

甘油及蜂蜜少许，白蜡及食用油少许

二、制作方法

1. 将面粉和江米粉均匀混合后，一边快速搅动，一边把烧开的浓盐水慢慢倒入面中，使面粉成面团状。

2. 把面团放入蒸笼内蒸 15 分钟左右取出，揉进少量甘油和蜂蜜，如需防霉，可以加入少量苯酚（石碳酸）。

3. 把揉好的面分成若干份，分别揉进红、黄、蓝、绿、黑、白等不同颜色的广告色，搓成条状放入盘中，并在上面盖上湿布备用。

4. 白蜡和食用油放在一起加热成粘稠状，放入盒内，在制作面人时用以擦手，可以防止面粘在手上影响制作。

怎样捏面人？

一、面塑的主要工具

1. 拨子：一头扁平，一头尖。可以用旧牙刷柄或竹片等制作，是雕塑细部如面部五官等的主要工具。

2. 小剪刀：用来剪出面人的手指等。

二、面塑制作的基本技法

制作时一般以右手握工具制作，左手的大拇指和其他四指配合，左手掌心为操作台。

揉：用手把面揉成团状。

捏：用手指把面捏出各处所需形状。

挑：用拨子尖头插入面团内，向上挑起使其表面隆起成所需形状。

压：用拨子两头或其他工具可以在面上压出凹下去的“线”、“面”、“沟”等各种形状，也可以用特制的模子印出花纹。

搓：用手把面搓成条状或锥状。

碾：先把面压成片状，再用拨子宽头在面上用力平行移动，碾成厚薄均匀的薄片状。

拨：把面碾成薄片后，用拨子尖头在面上较快地来回拨动，这样在尖头上会聚成一团蓬松、散乱似线团样的面团，用拨子尖头挑起可以作为“花”装饰在需要的位置上。

三、面人的制作过程

1. 取白、红两色面揉成粉红色面团，按在竹签上，捏成鸭蛋状面孔和脖颈。

2. 用拨子尖头在面部按压出一条深沟作为眼的位置。

3. 用少许黑色面搓圆再按扁，用拨子宽头碾平刮下月牙型细线，用拨子尖头挑起嵌在深沟的上沿上方作为眉毛。

4. 用少许黑色面和白色面各搓成细圆条，并列贴在一起，刮下一小段嵌在深沟内作眼珠，眼珠的上下沿可以嵌贴上一条肉色的眼皮，做法同做眉毛相同。

5. 用拨子尖头沿两眼中间向下方插入面中往上挑出鼻子的形状，再搓成肉色小圆锥塞入鼻子空隙，把挑出的小洞填上。再用拨子尖头点出两个鼻孔。

6. 以少许红色面搓成细条，用拨子尖头做出嘴唇，嵌在鼻子下面，再用毛笔或棉球蘸少许朱红色将面孔两颊轻轻涂匀，整个面孔就做好了。

7. 头发用黑色面搓成条状，用大拇指碾成薄片，用小木梳轻划一下后，用拨子挑起贴在头上即可。

8. 把蓝、白两种色面各搓成条状，并列一起再搓成绳状后用大拇指压成薄片，贴在头上方作为帽子。把红色面碾成薄片，用拨子拨出一个圆球作为按放在帽子顶部，把白色面搓成条状围在帽子下沿，帽子就全部做好了。

9. 做四肢：把肉色面搓成圆条状，再把一块黄色面先搓成条状再放到左手掌上，右手把它压成薄片状包在肉色面上，一头留出手的位置，另一头横按在身躯上端。下肢是把圆柱形蓝色面从中间对折后，竖着按在身躯下端。

10. 做手脚：先捏出手掌和大拇指形状后，用剪刀把手掌剪出其余四指，则左手就做好了。右手的手套用红色面捏成薄片包在右手上，捏出大拇指和手掌即可。靴子用黑色面包在两只脚上捏出脚的大体形状即可。

11. 做上衣：把黄色面压成薄片后包在身躯上端，与上肢密合后，再把左手臂向上方折起。

12. 用红色面做一条围巾围在脖子上，面人的动态即完成了。

13. 做装饰物：

(1) 做糖葫芦，把深红色的面做几个圆球穿在一根细竹签上放在左手掌内，另一端插入面人上身内。

(2) 做口袋和一只手套贴在相应的位置上。手套上的连线可以用白色的面搓成细线，用拨子挑起后贴在相应的位置上。

(3) 鞋底可以用白色面做成，贴在鞋底上即可。

怎样制作不倒翁?

不倒翁娃娃为什么不会倒呢? 因为它符合了以下两个条件：一是不倒翁的整个身体都很轻，只是在它的底部有一个较重的东西，使重量都集中在底部，从而使得重心很低。二是不倒翁底部是圆的，从而使得它的底面积大而圆滑，容易摆动。当不倒翁向一边倾斜时，由于支点（不倒翁和桌面的接触点）发生变动，重心和支点就不再在同一条垂直线上，这时候重力的作用就会使摆动，使不倒翁恢复正常的位置。所以不倒翁是推不倒的。

了解了这个道理以后，就可教孩子自己动手制作不倒翁娃娃了。

一、制作材料

乒乓球、白色硬纸、橡皮泥、彩笔、胶水、剪刀等。

二、制作方法

1. 把乒乓球用剪刀去掉一半，将橡皮泥捏成团填在半个乒乓球内抹平。

2. 把白色硬纸剪成一扇形，扇形的弧长应稍大于乒乓球的圆周长，并将扇形两边对接做成一圆锥形。

3. 将纸圆锥与乒乓球粘接起来，用彩笔在乒乓球上画出头像，白色的锥形帽子也可用孩子熟悉的图案或花纹进行装饰。这样一个可爱的不倒翁就制成了。除此方法以外，还可利用雪碧瓶的底部（去掉底托）与瓶的上部，用类似方法制作。

除了乒乓球可以做不倒翁外，很多其他的材料也可以，比如说鸡蛋壳。其步骤如下：

1. 先把鸡蛋中间的地方敲出一条小缝，接着轻轻地用手把鸡蛋分成两个部分，把里面的蛋白和蛋黄倒进碗里，用水冲洗了一下，不倒翁的外壳就完成了。

2. 把准备好的橡皮泥贴在一个半个鸡蛋壳的底部，接着把沙子撒在橡皮泥的上面，又把另外半个鸡蛋壳，按原来的样子拼起来。

3. 把鸡蛋的接缝处用胶水粘好，用钢笔画了两个大大的圆眼睛，又画了一个嘴巴，大功告成。

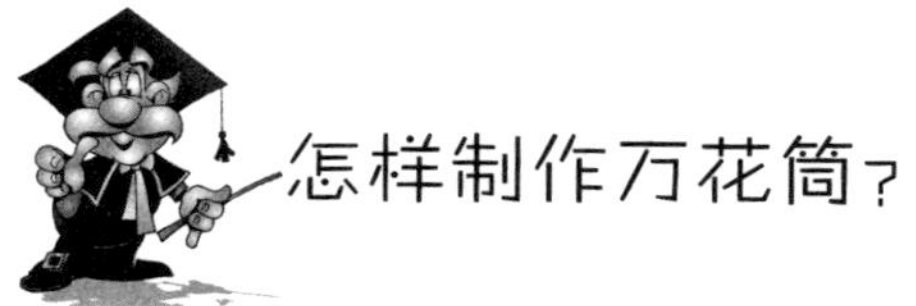

怎样制作万花筒？

万花筒看起来很奇妙，实际上很简单，万花筒的原理就是利用组成等边三角形的镜子面互相反射折射堆积在一角的碎彩色玻璃而形成规则的美丽图案，随着转动万花筒的通身，碎玻璃渣的流动随机变化出千奇百怪的美丽花型，所以顾名思义叫做万花筒。

制作万花筒首先要准备材料，我们需要的材料有不同颜色的彩纸、剪刀、三个圆镜片、三个细长条镜片、胶水、两个硬纸板、圆筒。材料准备好后，下面我们就可以开始做万花筒了。

首先用剪刀把彩纸剪成碎片，要用不同颜色的彩纸剪。然后把三面长宽一样的镜子对在一起，用胶带固定住，使之成一个三角空心体。要注意，使镜子的映照面朝向内侧。再用做好的内圆筒套在三角空心体的外面，把圆镜片放在圆筒一头的内部，使圆镜片把三角空心体压住。把其中的一个圆镜片放在外圆筒的一头，里面装入剪好的彩纸碎片，再把最后一个镜片放进这个圆筒里，彩纸就在两个圆镜片的中间，最后把内外两个圆筒套在一起，注意有镜片的一头在外侧，这样一个万花筒就做好了。

做好后，把万花筒放在眼前转起来看看，里面仿佛有无数朵五颜六色的花在眼前飞舞，特别壮观。注意万花筒的另一端要对着亮处。

怎样制作铜管风铃？

如果你居住的地方缺乏大自然的鸟语花香，你可以亲手做一串浪漫的风铃，将它悬挂在门楣上。在大自然中寻找制作风铃的材料，不论是传统的还是现代的、质朴的还是灵巧的，选择浅绿色和棕色的材料是最好的搭配。如果风铃是挂在户外的，做风铃的铜最好有醒目的蓝绿色铜锈。

一、材料

铜管、管钳、小钢锯、电动手摇钻、剖线刀片、镀锌钢丝、玻璃扁珠、皮条或皮筋。

二、制作方法

1. 主要技巧是将铜管切断并在上面钻孔。如果想实现自己的设计，首先要将风铃的草图画在图纸上，边动手制作风铃，边修改设计图纸，使其完善，成为以后制作风铃的样板。

2. 用管钳或钢锯将长铜管切成 7 根长短不同的铜管。铜管在长度上稍有差别，就会产生几种不同的音调（长的铜管声音低些）。在最长的铜管上下两端分别钻 4 个小孔，上端的 2 个与下端的 2 个分别相对，其他 6 根铜管只在一端钻 2 个相对的小孔。

3. 用钳子剪下一段电镀钢丝，长度为设计好的钢圈周长，将钢丝弯成钢圈，多余的部分折成第二圈。把 6 对扁形玻璃珠穿上钢圈，将钢圈修整成圆环，这样玻璃珠就能在上面滚动了。在玻璃珠与圆环的连接处打个结，系上1根皮条，用织毯子的钩针将皮条穿缝在2对珠子之间的圆环上。

4. 剪一截短皮条，一头穿过1支铜管的2个孔后打1个结，另一头系在圆环上的1对玻璃珠之间，使铜管与圆环相连。继续用针将皮条穿缝在其他5个珠子之间，同时系上其他5根铜管。将皮条一头穿过1对玻璃珠，做成风铃的悬挂端，另一头系上最长的铜管。将6根系铜管的皮条与系最长铜管的皮条一头拧在一起，悬挂起来，便大功告成。

怎样装裱镜心、镜片？

镜心、镜片是把书画作品装裱后放入镜框中或贴在托板上的一种形式。其工艺简单、用料节省，并可防尘、防蚀，适用于店堂、会议室、居室等作装饰之用。这种装裱形式大方清秀，有立体感，受到人们喜爱，被社会广泛采用。

一、镜心的装裱形式

只需把画心上一层托纸，上墙绷干后经过四裁方心后即可放入镜框中，但镜框内需衬托某种颜色的托纸如深色的绫料、锦料、色纸等，为防止画心在镜框内滑动，可在画心背面粘上二小块双面胶带。

如果想突出画心，以求古朴、清雅的艺术效果，除对镜框质地及色彩的要求较高外，可以在画心的四周镶上窄边，宽度大约4毫米，以黑色为好。然后再加上一层复褙，上墙干后切去废边，即可放入镜框内。

二、镜片的装裱形式

镜片是把画心镶嵌后裱在托板上的一种形式，托板可用三合板、人造纤维板等。

1. 全托精裱镜片

将画心托纸后上墙绷干，下墙后先方裁画心，再依所示镶料，托上复褙后上墙绷干，再经过四裁，就可以贴裱在画板上了。镶料采用绫料或锦料托上一层纸即可。

操作中要注意的是把镜片贴裱到托板上时，应先把镜片喷湿润，然后在镜片四周刷上浆糊，浆口约 5 厘米即可，千万不可全刷上浆糊，然后用干排笔轻轻排刷到托板上。镜片贴裱到托板上后，可以在托板外面蒙上吹风膜或玻璃，再装上边框，即可悬挂了。

2. 半托普裱镜片

把画心托好上墙绷干后，把画心方裁，在画心四边刷上 1 厘米宽的浆糊，直接贴在托板的中心，然后再将裁好的边料依次贴上。边料可以全刷浆糊贴实，四周的切口最好是“八”字口，这样可以产生立体效果。边料的长度应是画心与两边宽度之和，把边料交叉相压贴上，把直尺比靠在内角外角的顶点上，用裁刀切下，掀开边角，把切下的废边拿去重新按平贴实，则斜口接缝严密平整。

怎样制作叶脉书签？

叶脉是很美的一种图案，如果能做成书签就再好不过了。叶子的叶肉遇到腐蚀性液体就会发生腐烂，而且经过加热，它会腐烂得更快。但是叶脉比较坚韧，不容易被腐蚀。因此，将一些叶片坚硬、叶脉坚韧的植物叶制成叶脉书签就成为可能。

制作叶脉书签一般要用到烧杯、三脚架、石棉网、酒精灯、火柴、天平、旧牙刷、镊子、水彩颜料、彩色丝线、氢氧化钠、3% 双氧水。

有了工具之后，我们还要注意选择叶片。要选择那些叶脉粗壮而密的树叶，一般以常绿木本植物为好，如桂花叶、石楠叶、木瓜叶、桉枝叶、茶树叶等。在叶片充分成熟并开始老化的夏末或秋季选叶制作。

我们以桂花植物叶为例，其制作过程如下：

1. 把约 100 毫升水倒入烧杯，在水中加入 4 克氢氧化钠，把烧杯搁在石棉网上，用酒精灯加热，煮沸溶液。

2. 把植物叶浸没在溶液中，继续加热 15 分钟左右，用镊子轻轻搅动，使叶肉分离，腐蚀均匀。

3. 当叶片变色、叶肉酥烂时，用镊子取出叶片，放在盛有清水的玻璃杯内。

4. 从清水里取出叶片，放在玻璃上，用旧牙刷在流水中轻轻地刷叶片的正面和背面，刷去叶片的柔软部分，露出白色的叶脉。把叶脉片浸入 3% 的双氧水中 24 小时，使它们变成纯白色，再取出叶片，用清水洗净，沥去水滴。

5. 将叶脉片放在旧书或旧报纸里压干。

6. 取出压平的叶脉片，待叶脉干透后，用毛笔在叶脉两面涂上水彩颜料，稍干后再压平。

7. 取出涂上颜料的叶脉片，在它的叶柄上系一条彩色丝线，就得到了一张精致美丽的叶脉书签了。

还有一种制作方法：

1. 用碱液煮叶片。碱液的配置按 1 升水计算，碳酸钠（大苏打）70 克，氢氧化钠 50 克（以上两种药品化学品商店有售），也可用石灰水代替碱液，在搪瓷杯或沙锅内将配好的碱液煮沸后放入洗净的叶子适量，煮沸，并用筷子轻轻拨动叶子，防止叶片叠压，使其均匀受热。

煮沸 5 分钟左右，待叶子变黑后，捞取一片叶子，放入盛有清水的塑料盆中。检查叶肉受腐蚀和易剥离情况，如易分离，即可将叶片全部捞出，放入盛有清水的塑料盆中，再逐片进行叶肉与叶脉的分离。

2. 去掉叶肉。将煮后的叶子放在手掌上或玻璃板上，用旧牙刷柄光滑处在叶面上轻轻擦拭，受腐蚀的叶肉即可被擦掉，然后在水龙头下面冲洗，继续擦拭，直到叶肉全部去掉。

3. 漂白叶脉。将刷洗净的叶脉放在漂白粉溶液中漂白后捞出，用清水冲洗后夹在旧书报纸中，吸干水分后取出，即可成为叶脉书签使用。

4. 染色、绘图、写字。用红、蓝墨水或其他染色剂染成你所喜爱的颜色，也可以在上面作画、写字，最后系上丝线即成。

怎样掌握刻印章的刀法？

刻印章的刀法归纳起来有两种：

一、冲刀法

就是用刀角顺着要刻的线条推刀向前。冲刀执刀像同学们拿铅等写字一样，用大拇指和食指持刀，中指垫在刀下，无名指和小指则扶着印章边上或印床上来把握刻刀活动位置，控制运刀速度，防止失刀，冲到自己手上。冲刀刻时与印成角度较小，大约30°～40°左右，这种刀法一般用来自右至左推着横刻。竖着刻划可用另一冲刀法，这种冲刀法执刀像执毛笔似的三指包抄的书式，把前刀角切入印面，沿着线条向身边拉刻。当然也可将印章旋转看全都用横线冲刀法来刻。

二、切刀法

执刀象扎针一样，拇指伸直和微微弯勾刀把的食指紧紧捏着刻刀，中指帮助食指捏紧刀身，三个手指从三个方向挤紧刀身。执刀角度比冲刀大，60°～80°左右，一刀角先切入印面，然后刀杆由后向前倾，刀口依笔划向前切进，切完一刀接着切第二刀、第三刀直到刻完。

冲刀法易于把印文线条的遒劲挺拔和圆转流利的笔意很好地表现出来，切刀法能使印文笔画更加苍劲浑厚。两种刀法也不是截然分开的，如果结合起来使用，又冲又切，印文将更加韵味十足。

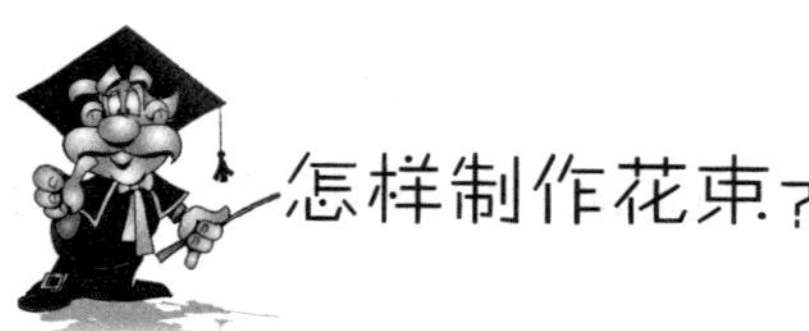

怎样制作花束？

花束是一种高雅礼品，在人们相互间进行礼仪活动时应用得十分广泛。现将其制作方法介绍如下：制作花束时宜选用花梗纤、叶片刚强、花冠硕大、色泽艳丽、香气馥郁、花朵初开的花枝，常用的有月季、唐菖蒲、郁金香、菊花、非洲菊、马蹄莲、香石竹等。扎制前应先剔除无用小枝、叶片及枝上小刺等，并将花枝剪成35～55厘米长。

扎制步骤是：先选颜色艳丽的主花1～3朵仅次于中央，搭配好衬叶，用细铁丝缠好，四周配以下垂状态的小叶或小花，使整个花束富有层次感。这时再将花枝下端剪齐，并用脱脂棉将基部切口包好，浸足水，用塑料薄膜包裹好即可使用。花束扎好后，若暂时不用，基部先不要修，应将其浸入水中以利保鲜。

扎制花束时应注意：

1. 花与花之间应有距离，宜适当装饰配叶，以突出花朵的优美姿态。

2. 叶片少的花卉，宜适当多装饰些配叶，但配叶要放在花朵的间隙中，不可突出在花上，以保持花多叶少，突出主体。

3. 花束握柄处粗细要适宜，其长度以15厘米左右为宜。

4. 在一些隆重场合使用的花束，要在花束外围包上一张大的装饰纸，包的形状多为扁圆锥形，上大下小，包好后在手柄处再配以桃红色丝绸飘带，则使花束更加显得飘逸秀丽、美观悦目。

不会雕刻水仙球，怎么办？

水仙以其亭亭玉立的身姿及散发出的阵阵清香，受到人们的青睐。于元旦、春节在室内陈放一盆，愈显格外的高雅。将水仙球通过一定的雕刻处理，加工制成水仙盆景，更显奇趣。

雕刻水仙的方式主要有笔架式和蟹爪式两种，其他的也都从这两种方式中衍生出来，进而可制成各式盆景。

笔架式水仙因其长成后形似笔架而得名。加工时可用小刀（旧钢锯条磨制即可）刮去基部枯根，剥去棕色外表皮。用刀将包住顶芽的数层鳞茎割去，让顶芽外露，可使叶变短，花梗突出叶丛之上。然后沿鳞茎中心芽的两侧，从上至下用刀斜向中心切进1/3（避免切坏边上的花鳞片芽），共切四刀，切后略按捏一下，使鳞片松开，便于花芽抽出。

蟹爪式水仙因雕刻后，其叶片蜷曲像蟹爪而得名。蟹爪式水仙的雕刻比笔架式水仙略复杂。方法如下：

1. 在雕刻前先把水仙球外棕褐色外表皮剥去，用刀将枯根刮净，仔细看好水仙花生长方向，在母球圆径的1/3或1/4以下处或根部向上10厘米处横切一刀，将上部鳞片一边剥，一边切，逐层剥去，直至看到露出叶芽为止。

2. 小心将叶苞片和叶芽周围的鳞茎刻掉，剩下1/2或1/3厚度的鳞茎以便养护。

3. 用手指沿叶芽背向前施加压力，使叶和花苞分开，从裂隙略偏斜下刀，这时应特别注意，别切坏花苞，否则会使花型变态或枯焦而开不出花来。然后从上到下，由外到里把叶沿平行脉削去1/3或1/2，这样造成花的一边组织受伤生长慢，另一边正常生长，使叶生长失去平衡而弯向伤口生长。进行水养时，在生长发育过程中，就变成叶片蜷曲的蟹爪水仙了。

如果要花梗向某个方向弯曲，也可剥去那个方向的部分花梗，使之弯向一方。

母球边上的子球可根据造型的需要决定去留，脱落的子球可用竹签补插上去。将雕好的水仙球放在清水中浸一昼夜，然后洗去浸出的粘液，用脱脂棉或纱布盖住切口及根部，避免阳光直射切口，造成枯黑现象。根部盖物要有一定重力，才能促其根须的生长，在阴凉处三五天，伤口愈合后，植入与花球相称的水盆，只要阳光充足，清水不缺（注意晚上倒掉水），就能使水仙花正常生长，开出使你满意的花朵来。

怎样刻制黑白木刻？

刻版是黑白木刻成功与否的关键一步。木刻的含意是以刀刻木，要放刀直刻，可不能依样画葫芦，每个刀痕都修来修去，这样刻出来的线条光滑、呆板。就像我们学写毛笔字，一笔就是一笔，只能写，不能描的道理一样。木刻刀就好比是笔，捏刀向木，直刻下去。不要拘泥于细节，刻错了，最后再收拾。当然这也不等于心中无数，胡乱刻一气。首先对于版面要有一个整体的盘算，从那里入手，先刻什么地方，后刻什么地方，做到心中有数，井然有序。

一般情况是先刻主要的，后刻次要的；先刻大块的、后刻细微的。同时要留有余地，待试印后进行修版整理。刻大块面积的时候，不要刻的太干净，要适当留些刀痕，这些刀痕处理得好，不但不妨碍画面，反而可以增强木刻版画的艺术趣味，使原稿那些略嫌空洞之处，显得丰富浑厚一些。

待全部刻完后，把版面木渣清理干净，黑白木刻的刻制就算初步完成了。

版面刻完后，滚上油墨试印，试印的作品很可能存在许多毛病，校对和修正木刻版是木刻版画制作中必不可少的一个环节。即使是很有经验的老版画家，也不可能保证版一次刻成。

校对和修版可以使一幅基础较好但有缺点的作品变得更加精练、更加耐看，富于情趣。也能使一幅看起来不太好的作品，呈现“柳暗花明又一村”的景象。然而修版范围又是有限的，只能“减法”，不可能“加法”。能把刻得不够理想的地方刻去，而无法将已经刻掉的地方添上，除非采用补版的方法。因此，要求同学们在刻版时要适当留有余地。

修版的方法是：用白水粉颜料修改干了的试印作品，感觉满意后再修改版面上相对应的部分。小心刻去应该刻掉的地方。修版时因版上沾有油墨，为了避免弄脏衣物，最好在版上垫上一张旧报纸，露出需要修改的地方，一部分一部分的修刻校正，直至达到满意为止。修改结束，要将沾在版上的木渣清理干净，使版面光洁。

怎样印制黑白木刻？

印制是制作木刻版画的最后一道工序。黑白木刻的印制并不困难，掌握了操作方法，实践几次，有了经验，人人都可以印好。

印制的全过程可以分解为以下步骤：

1. 备版：把刻好的版平放在桌面上，舨的下沿最好与桌面边沿平行，周围要清理干净。

2. 调墨：用调色刀从油墨罐取出适量的油墨，摊放在调墨板上，只需薄薄的一层。然后用胶滚蘸墨在调墨板上反复滚动，使胶滚表面均匀地附着油墨，如果在滚动中发出沙沙的响声，观察油滚表面如细砂纸状，墨量即恰到好处。

3. 滚墨：用油滚在版面上均匀用力地滚动，使版面均匀地受墨。特别要注意宁用薄薄地油墨多上几次，切不可一下将油墨滚得太厚。太厚会将版面细微部分腻死，印出来的形象线条模糊，黑糊糊一片。

4. 覆纸：将印纸与版面四边平行对好，轻轻地放在版上，随手抚抹一遍，将纸擀平，使印纸紧紧地贴在版面上。

5. 磨印：用笋皮擦子或木磨菇在纸背上有力均匀地往复磨压，在磨印中，切不可操之过急。特别要注意版上或纸上是否有砂粒或木屑，一旦发现要及时清除，不然在，磨印时会损坏印纸。

6. 检查：轻轻揭开印纸一半，看看油墨是否均匀地印到纸上，如果不够黑，可再次在版上滚墨，把纸盖好，顺手抹平复位，进行磨印，印好一半，再揭开另外一半，上墨、复位，继续磨印。

7. 揭画：经过检查后达到理想的效果，即可将画纸全部掀起，一张木刻就算印好了，晾干收藏起来。

怎样制作套色木刻版画？

同学们有时会觉得黑白木刻虽然很好，但如果带彩色了不是更好吗？那么同学们就可以学习制作套色木刻版画，我们常说的套色木刻版画是指油印套色木刻版画，简称套色木刻。它的作用可分三个阶段：

一、画稿设计

套色木刻是用多块色版的套印完成的版画作品。因套色木刻的风格不同，设计画稿的方法也就有所区别。但大体可分为两类：一类以黑版为主，色彩为辅；一类是各色版相互作用，互为补充。无论哪一类套色木刻都要求色彩简练概括，以少胜多。

第一类以黑版为主的套色木刻稿设计比较简单。先在画纸上设计出一幅线描稿，然后将设想的几种颜色分别填描在画稿上的不同部位，最后画上墨版线条结构，即可以定稿。

第二类套色木刻稿设计稍复杂一些，设计色块套色木刻稿，不同于普通作画，要限制颜色使用，用色以少胜多。先计划好用几种颜色组成画面基本色调，然后把这几种颜色分别调配出来，限定只使用这几种颜色画成画稿。

套色木刻是用多块版套印而成的，因此，每块套色版套印都要准确无误。为保证各色套准，每块版要做好统一对版标记，这在设计画稿时就应注意。画稿上边要留出 3～5 厘米纸边，在纸边与画面半厘米处画一条水平横线，在横线上找两个点，作十字标记，做为将来对版的标志。

二、分色上版

用来制作套色木刻的每块板子，尺寸要大小相等，板子的上方略大于画稿，这条大出来的版面用来做套印标志。一般来讲，套色木刻有一种颜色，就要刻一块版。如果两色块相隔比较远，不影响印制，也可以同刻在一块版上。为了节省版面，一块版可两面刻用。

把描有轮廓的拷贝纸翻面覆在第一块版上（主版），在纸的上边沿与版的上边沿，留出约 3～5 厘米宽的版面上，按画稿选择的标志，定出十字标志，用图钉或重物把拷贝纸固定在版上，然后垫上复写纸，转写描画轮廓。

第一块版描完后，取下拷贝纸覆在第二块版上，并依据拷贝纸上的十字位置画出第二块版上的标志，固定、复写描版。以后各版，都按同样方法处理。所有版描好，用三角刀把版上十字标志刻成凹线。

套色木刻的分色上版，实际上就是把画面形象分散地转写到各色版上，印制时靠十字定位方法的帮助，又将形象重新组合起来，十字定位是套色木刻的关键。

三、拓　印

拓印套色木刻与拓印黑白木刻方法要求基本相同。不同的是印刷色版时，要用各种颜色的油墨及少量的油画颜料辅助调配颜色。注意在调配油墨时，在各种颜色里稍稍加进一点点黑油墨，这样使颜色可以灰下来，使画面统一和谐，不至于过于“火气”。套色木刻关键在于对版，各版错位，作品即告报废。因此，不能有差错。

印制顺序一般是先印浅色，后印深色，最后印黑色主版。也有反着印的，先印黑版，后印重色版，最后再印浅色版。这样也有特殊的艺术效果。

套色木刻同样也有试版印刷阶段。试版的目的一是校对各版间的衔接情况，如有无错位现象，有无漏刻现象，刀痕留的是否合理，或那些地方需要修版等等。二是检查各版颜色的色相、色度是否合适，哪些地方需要调整等。颜色只有组合在一起进行比较才会看出问题。试版后才能正式印刷。这时更要精心处理。全部印制结束后，要对工具和工作台进行清理，印出的作品要用夹子夹起来挂在阴凉处晾干后收藏起来。

怎样制作水印木刻版画？

想制作雨雾茫茫、水味十足或润湿韵味的版画，一般的木刻版画是表现不出来的，这需要让水印木刻画来承担。这种木刻版画制作与其他木刻不同，各方面都有特殊的要求。

一、选择木板

制作水印木刻版画，一般根据套色需要准备大小相同的几块胶合板。椴木板，纤维细密均匀，木质软硬适中，是水印木刻版画比较理想的板材，目前，都用它来做刻印的板材。美中不足是纤维较长，不宜刻精细的画面。如刻精细的形体线条，可用梨木片镶嵌在椴木板上补充不足。

水曲柳板或其他纹路清晰的板材，可利用其纹路肌理增强表现力。比如，有些水印木刻就利用木面的天然纹理拓印出行云流水的效果。

二、起　稿

水印木刻绘稿方法与油印套色木刻基本相同，但要注意发挥水印木刻的特点，根据构思用墨直接在白纸上起草，填上色彩。起稿时就应追求水墨浓淡的韵味，画出预想的浓淡变化效果。绘制单色水印木刻草图时可用木炭、铅笔等绘制。在起草水印木刻画稿时，造型要简约，线条要疏朗、粗犷，切勿过分细密，由于水印木刻在拓印中墨色渗化力强，过分密集的线条就会渗化得模糊一团。

三、上　版

草稿完成，即可分色上版。分色上版的过程基本上与油印套色木刻相同。因水印木刻拓印工具简便，可在版上局部拓印。上版时，先转写主版，然后再转写副版。主版刻作品的结构和线条，副版刻形象的体积、色彩等大块面部分。主副版的关系，在实践中也可灵活掌握，必要时可以打破主副版概念，而将版面混合运用。

四、刻　制

水印木刻的刻制方法和油印木刻大体相同，但是因印刷的方法不同，因此，在刻制时要注意几点：

1. 水印木刻在拓印中木板受潮要发胀，印出的线条往往会变粗，在刻版时要注意刻得略细一点。

2. 水印木刻刻版时要比油印木刻普遍刻得深一些，不然，印刷时浅线容易积水积色，搅脏画面。

3. 水印木刻的大块空白底可不必铲去，只需把轮廓四周刻去 1 厘米左右的间隔就行了。

4. 水印木刻着色工具较小，可以在小面积的版面上着色。因此，可以把各种颜色的套版合并在一两块版面上使用，既节约板材，又可增加套印准确性。有些大块套印色彩，如果不需要表现轮廓和刀法，可以不必刻，只要在版上画清楚套色的位置就可以了。有时采用这种方法表现虚的物体如云彩、远山等可获得自然、润泽的效果。

五、选　纸

水印木刻的用纸要求具有较强的吸水性，多选用玉版宣、夹宣、过滤纸、纸型纸等。选择宣纸，应选择纸质洁白无光、纸纹又比较细腻、纸质厚薄均匀的玉版宣和夹宣，这样的纸张印出画来，层次丰富又滋润，不会使画面色彩灰暗。过滤纸分医药过滤纸和工业滤油纸两种，前者纸薄而纸纹细，后者纸厚而纸纹粗。纸型纸是印刷厂手工打纸型用的一种纸，品种较多，要选择纸纹较细、颜色较白的一种。这些纸掌握得好，能取得色彩强烈的效果。

另外还有其他的吸水纸和手工土纸，都可以拿来试用，有些纸拓印效果不错。

六、选颜料

印制水印木刻要使用水性颜料：如国画色、水彩色、水粉色、书画墨汁等。国画色、水彩色透明，效果比较滋润。水粉色色彩比较强烈，均匀，覆盖力强。水粉色如要印得透明，颜料可调得薄一些，印刷次数略少一些。

黑色一般采用水粉黑色、水彩黑色和书画墨汁。书画墨汁和水彩、水粉颜料调和起来使用，既不易渗化，又有较好的水墨韵味。

七、拓　印

水印木刻拓印时不同于油印的地方是在于“调动水的积极性”。印制过程中，纸和版要始终保持理想的潮湿度才能保证拓印正常进行。

湿纸方法有夹潮法和喷潮法。

夹潮法受潮均匀，一次能潮纸多张，但所需要的时间比较长，大约需数小时。头天晚上湿纸，第二天上午使用。具体做法是：用一层湿报纸一层干印纸多层重叠，再用木板夹紧压好。如果天气干燥，还需包上一层塑料薄膜。这种方法适用较小的画面和一次拓印较多的幅数时采用。

喷潮法适宜现潮现用。具体做法是：用喷壶或喷雾器将纸全面喷湿，喷出的水珠越细越均匀越好，要形成雾状。纸张要铺平，喷洒要均匀，切不可干湿不一。喷完水要略等一会，让水慢慢地平均分布到纸张每一个部分，即可开始拓印。

印前还需要把版均匀地喷湿。

水印木刻拓印操作顺序如下：

1. 把湿印纸放在版上，对准标志，做好记号。

2. 把湿报纸覆盖在印纸上，用镇纸压住，保挣湿度，翻开印纸上色。

3. 复面印纸，迅速在印纸上衬一块干报纸，用笋皮擦子擦印，用力要均匀适中。通常印一块色彩需施两到三次颜色，反复拓印，直到画面上颜色印足。

4. 印完一版后，可连续作业，换上第二、第三版、分别对准标记，上色，拓印，直到作品完成。

水印用的是水性颜料，水性颜料干湿时色度有变化，上色时宁可过而不可不足。特别是黑色一定要印足。要采取薄色多印韵办法，切不可在版上一次堆积过多过浓的颜色，使颜色溢出，损坏画面。

水印过程中，一定要始终掌握好纸和版的湿度，在拓印中途可适当地喷水加潮，需要渗化效果强些的纸张相对湿些，不需要渗化效果的纸张相对干些。

作品完成后，放在干净的版上，用夹子夹好晾干。

怎样装裱和保存水印木刻作品？

水印木刻版画因是宣纸拓印的，过去一段时期多采用中国画的托裱法来装裱。不过严格地讲，一幅版画原作在正反面应有手工拓印的痕迹，显示印痕美，这又是原作的标志之一，一经托裱，痕迹荡然无存，实在遗憾。因此，比较简单的装裱方法是将作品整理平整，然后用一张较大的白卡纸，中线对折，在上面一层纸的中间，挖一个和画面大小相同的框，再把版画原作放在与框相对的下面一层纸上贴好，把上下两层纸折平合拢，一幅版画就装裱好了。

经过辛勤的劳动和创造，我们完成了一幅版画作品，怎样证明它是由我们自己一手完成的版画原作呢？亲手题字和签名就是最好的说明。如果一幅手印的版画作品上没有作者的签字，就会被认为不是原作，或不是作者亲手印制，其艺术价值就会大大降低。按照国际惯例，用铅笔签名，格式为：紧贴画面下边，自左向右签字，首先要写明作品拓印数量的编号，用分数式表示，是总印数的第几张，然后是画题、版种，右边签作者姓名及创作年代，不写月、日。儿童版画作品，还需在姓名后边注明年龄、性别。

水印木刻作品拓印完之后，需要认真地保护好版子，以便今后继续拓印。每次拓印完后都要用大号底纹笔蘸清水仔细地将版面刷洗干净，刷掉版面上残存的浮色，洗好晾干后，用旧报纸包好，放在阴凉干燥处。特别要注意不能放在潮湿和阳光直射的地方，以防版面脱胶变形。

版画作品的保存最好是理平后平放在橱子里保存，千万不能折叠存放。较大规格的作品可卷成筒状封好，立着或平着存放，不能挤压。不能放在阴湿之处或受阳光的直射，以防作品发霉变脆和褪色。

怎样制作剪贴纸版画？

剪贴纸版画，也称堆叠纸版画，是纸版画中最为普及的一种。

一、画　稿

在白纸上用铅笔画一张非常简单的草图，草图只确定画面形象位置、动作等。只要用铅笔勾出轮廓就行了。轮廓画好后用复写纸把各个部分分开转写到纸版上。

二、剪　贴

制版时，先要找一块稍厚的纸板做底版，也可以用马粪纸板来代替，底版的大小最好和印成后的作品同大。把分开转写的形象沿外轮廓剪下来，有时可以用手撕，然后按画稿逐层用乳胶粘贴到底版上。粘贴的顺序一般是先外后里，先次后主，先大后小。比如粘贴一个头象，就要先贴脸部，再贴头发、口、鼻、眼、眉等，最后贴上眼珠。每贴一层，都要用手压一压，使各部分粘贴牢固。

形象粘贴组合好后，在底版上摆一摆，上下左右转动端详，觉得位置得当、构图合理，就可以将各形象用乳胶粘贴在底版上。

剪贴纸版画可以适当地选用些实物做粘贴材料，这些材料的纹理会使画面更加生动和富有变化。

三、印　制

剪贴纸版画可以用油墨来印，也可以用水性颜料来印制。

1. 油印

油印多为单色，印制过程和方法与黑白木刻相同。

（1）在调墨板上调好油墨。

(2) 用油滚将调好的油墨均匀地滚在版面上。

(3) 在版上覆上印纸。

(4) 用笋皮擦子磨印。

(5) 检查。

(6) 作品完成。

2. 水印

水印为一版多色或单色。印制过程和方法与水印木刻基本相同。

(1) 将印纸用喷雾器喷湿，使其均匀地受潮。

(2) 把纸版放好，并用图钉固定在工作台上。

(3) 把受潮的印纸盖在版面上，左边用镇纸压住，再把印纸翻向左边。

(4) 用笔蘸上颜料，均匀地涂到版面上，然后把印纸覆盖在版面上。

(5) 快速在印纸上面放一张旧报纸，用笋皮擦子磨压。

(6) 取去旧报纸，把印纸翻回左边，继续涂色印制。

(7) 检查。

(8) 作品完成，放在干净胶合板上夹好、晾干。

水印过程中，如印纸变干，要注意适当喷水受潮，切不可干印。

怎样制作凸印纸版画？

制作凸印纸版画对版材的要求比较高，要选用卡片纸或胶面白版纸。普通白版纸要刷上清漆才能代用。凸印纸版画一般以单色居多。

下面简单介绍制作方法。

一、画　稿

画稿时用单线勾勒形象轮廓，定稿之后，用复写纸把画稿转写到版面上。如果存在反正关系的，要考虑翻版转写。

二、刻　制

先用硬铅笔或者斜口刀刻划出轮廓线，然后按印刷的需要撕剥纸版表层，撕剥的深度一般不要超过纸版厚度的1/2。凸印纸版画撕剥掉的部分将会没有颜色或是呈浅灰色，要印出颜色的部分需完全保留下来。

三、印　制

印制凸印纸版画可以像剪贴纸版画那样用手工印刷，还可以上铜版压印机上压印。怎样制作实物版画？

实物版画是一种简单的凸版画。它是利用自然界和生活中那些具有各式各样纹理和图形的实物，经过作者加工创造，再通过磨印或压印，使实物图形或纹理在纸上显示出来，组成一幅画面。这种版画的版材随处可见，制版非常简便，通过实物版画的制作，能够使同学们认识到一般版画的基本特征。

1. 工具材料

选几种不同形状的树叶。一块三合板，一小瓶乳胶，两张白纸，一支毛笔。一盒水粉颜料，调色盒，洗笔瓶一只。

2. 制作

同学们用树叶按自己的兴趣拼贴成一个小动物或其他形象，为了防止移动，可以用乳胶把树叶贴在三合板上。

（1）磨印。取一张白纸盖在树叶上，然后用铅笔在纸上轻轻地擦磨，树叶造型就会显现在白纸上。

（2）压印。用毛笔蘸上一些水粉颜料，轻轻地、均匀地涂在树叶上，底版也可以适当涂一些。全部涂好后，快速把白纸盖在版上，用手轻轻按压，也可以用一本书轻轻地擦磨，要把版上的所有地方都压磨到。揭开白纸，树叶造型就印出来了。

怎样制作吹塑纸版画？

吹塑纸是一种装潢材料，质地较松软；可以随意剪裁，常被用做展览会、橱窗及广告装饰的基本材料。或刻成文字，或剪贴成各种图案。近年来，很多学校都用它来做手工材料，吹塑版画的版材就是这种吹塑纸。

吹塑版画是一种简单的凸版画。制作过程与其他版画一样，要经过画、刻、印三个步骤。

一、画　稿

同学们先在纸上用铅笔画好一张草图。吹塑纸版画的画面不宜过大，这一点在画草图的时候就要注意到。画稿完成后，要检查一下，画面上是否文字和形象有正反关系的地方。如果没有，就可以剪裁一块与画稿大小相同的吹塑纸描稿。

在画稿与吹塑版之间垫上一张复写纸，把画稿用铅笔再描一遍就行了。如有正反关系，还需要把画稿翻过来再描到版上。

二、刻　制

吹塑纸版画的刻制，不需要用刀，只要用铅笔或圆珠笔在版面上画出痕迹，就能印刷出来。因此，“刻”实际上就是在版上画。如果同学们有把握在版面上直接画稿，那么，刻制这一步骤也就同时完成了，这种即兴画刻，一定要心中有数。

用以上方法制版，印出的作品呈黑底白线，这种刻法在版画中称为“阴刻”。

如果想要在作品中出现白底，就要把版上的背景部分剪掉，保留版面上的形体，用胶水重新拼贴在底版上，干后印刷。这种主要形体是黑色，背景基本上是白色，细部刻划是阴刻的表现形式，我们称之为“阴刻”与“阳刻”的结合。

三、印　制

吹塑版画的印制一般是用油墨印刷。油印的方法和其他单色版画印法相同。采用“阴刻”线条制版的，需要把油墨滚满版面。采用“阴刻”与“阳刻”结合的剪贴制版，油墨只能滚在剪贴的吹塑纸版上，尽量不要让底版沾上油墨，万一沾上了，就要用废纸轻轻擦去。另外，还要注意尽量不要将油墨沾在身上、手上或工作台上。

最后，对所有的印刷工具进行清洗。先用调墨刀刮去玻璃板上的余墨，如果没有杂质，可以重新放回墨盒，留着下次印画时再使用。然后将油滚在旧报纸上滚干净，玻璃板和调墨刀则要用汽油或煤油清洗。

怎样印制多色纸版画？

纸版画既可以单色印刷，还可以一版多色印刷。所谓“一版多色”就是在一块版面上不同部分涂上不同的颜色，使之产生套色版画的效果。这种多色纸版画的印法既简便又丰富，既可水印，也可油印。

一、水印的拓印要点

采用水印方法简便，一是水印着色工具小，在一块版上可进行小面积的着色，二是手工操作容易掌握。拓印中要注意：①要循序渐进，耐心细致，局部拓印。②先印大块面，后印局部细节。③先印浅色，后印深色，最后印黑色。④颜色一次印不足，可以印两次、三次，切不可一次用浓色涂在版上。⑤水印过程中，要注意适当地给印纸喷水受潮，不可干印。

二、油印的拓印要点

油印法印制，采用组合法。将一幅画面上的不同形象，分割开来，放在旧报纸上，分别滚上或涂上不同颜色的油墨，然后再将滚好油墨的这些不同局部形象组合到一块底版上面，放到铜版压印机上压印，一次完成。

怎样制作石膏版？

制作石膏版画，首先要有石膏版，市场上没有现成的石膏版出售，就得根据需要自己来制作，现介绍一下制作方法。

1. 用四根木板条，在玻璃板上摆成方框，四周用湿泥或橡皮封牢，然后用肥皂水或洗涤剂把玻璃板与木框内侧刷一遍，便于以后顺利地取出石膏版。

2. 按 8∶2 或 6∶4 比例，配好石膏和水泥的混合粉，加水在盆里搅拌，直到搅拌成为稀糊状，水泥的比例越大，版面越硬。把调好的稀糊倒入木框内，直到把框内装满。石膏浆凝固较快，制版时动作要迅速，否则石膏浆就会凝结在盆内。

3. 待石膏版凝固之后，轻轻去掉木框，小心地把石膏版竖起，移开玻璃板，让其晾干。干透之后，贴玻璃板的一面平整光滑，就可以做为制版使用。

怎样进行石膏版画的制作？

石膏版画的画稿、翻版、刻制要求基本上同于木刻版画。但石膏版质地松脆，容易产生崩裂，不宜刻制较细致的线条。一刀下去，有时会有意想不到的金石味，所以，石膏版画一般都具有粗犷、古拙、大方的特色。

石膏版画刻制起来比木刻容易，因而可以刻得稍深一些，刀痕约为3毫米左右。刻制前可把版面略为喷湿，以减少刻下的粉渣飞扬。刻下的粉渣可用一支干毛刷轻轻地扫拂去。版的下面还应垫上一张旧报纸，一可防止弄脏桌面，二可接住扫拂下来的粉渣。

版刻制完后，用毛刷把版面清刷干净，刷上一层清漆以减少石膏的吸水性，刷清漆时注意不宜刷得太厚，不要让版面凹部有清漆积存。

石膏版画在印制中，除了可以对印之外，它还有一种特殊的方法，这就是“拓印”。拓印是中国古老的印碑方法，移植到版画技法中历史不长。拓印和对印有什么区别呢？同学们家中如还保留有老毛笔字帖的，我们可以看到，老字帖有凹凸感，这种有凹凸感觉的老字帖，就是手工从原碑上拓印出来的。把这种拓印方法用于石膏版画的印制，会有一种古朴、典雅的味道。

拓印石膏版画，单色用质量好的书画墨汁，多色用水粉画颜料。并要准备一块玻璃板和几只白瓷盘、洗笔瓶和毛笔，工具准备好，就可以拓印了。

1. 把制好的石膏版在桌面上放好，取适当大小的宣纸平放在版面上。
2. 用喷壶把宣纸喷湿，再盖上一张旧报纸。
3. 用手掌轻轻按压，使印纸完全贴紧版面。
4. 取下报纸，检查印纸是否还有没压到的地方，然后待干。
5. 用墨拓蘸上墨汁或颜料，在玻璃板上或白瓷盘上拍打均匀。
6. 趁版面上的印纸还未完全干透时，用墨拓轻轻在印纸表面拍打。
7. 揭开印纸，稍稍抚平，作品完成。

墨拓和其他工具用完之后，用清水洗净、晾干。